Tempel

Wäre das Internet ein Tempel, so wären Memes die Gaben. Wäre der Rave ein Tempel, so fände die Sonntagsmesse pünktlich um 10 Uhr in einer verlassenen Fabrik von Queens statt. Und wenn der Tempel die eigene Wohnung ist? Oder der Körper? Wem ist er heilig? Welche Rituale huldigen ihm?

Dem Apollontempel von Delphi wurde täglich eine nasse, ängstliche Ziege geopfert. Die einzige Frau, die ihn betreten durfte, war im antiken Griechenland die weissagende Priesterin Pythia. High von den Dämpfen, die aus einer Erdspalte traten, sprach die Pythia Prophezeiungen – mal Königen, die zögerten, in den Krieg zu ziehen, mal einfachen Leuten, die heiraten oder längere Reisen antreten wollten. Delphi war aber nicht bloß ein antikes Google, sondern vielmehr eine heiß begehrte Sprechstunde mit Apollon, Gott der Weissagung und Künste – in Versform, versteht sich. Ob die Orakelsprüche durch ständig anwesende Mittler interpretiert werden mussten, bleibt umstritten. Als sicher gilt aber, dass ein Großteil der überlieferten Weissagungen fiktionale Texte sind, welche wiederum große Werke früher Dichtkunst hervorgebracht haben.

Das Orakel ist zu Literatur geworden und Literatur in gewisser Weise zu unserem Orakel. Wir suchen bei ihr Rat, nicht selten sind ihre Antworten rätselhaft, aber wenn wir Glück haben, erwartet uns am Ende eine Erkenntnis. Nur hat jede Zeit ihre eigenen Mittler, die maßgeblich entscheiden, was weiterverbreitet wird und was nicht. Wer weiß schon, ob die christlichen Mönche später beim Abschreiben literarischer Texte aus der Antike nicht ein paar Werke von Frauen oder queere Romanzen oder, überhaupt, nicht eindeutige Geschichten ganz bewusst »übersehen« haben? Keiner würde heute behaupten, dass eine Überlieferung nicht auch immer ihren Schatten hat: Vergessenes, Weggeschobenes, Verlachtes, Verdammtes. Wie lassen sich relevante Positionen aus den Marginalien der Gegenwart in ein ungewisses Morgen überschreiben?

Wir dürfen vorstellen: *Delfi* tritt hiermit den Versuch an, als Magazin für neue Literatur. Zweimal im Jahr treffen hier internationale und deutschsprachige Prosa, Dramatik, Lyrik und Comics in thematischen Ausgaben zusammen. Im ersten Heft wird dafür die Grundlage geschaffen: der Tempel. Zu diesem führen viele Wege, wie die vorliegenden Texte zeigen. Denn in ihnen verändert der Tempel immer wieder seine Form und Funktion. Mal bietet er Schutz, mal wird er zum Kerker. Es gibt sowohl den temporären als auch den unzerstörbaren Tempel.

Aber apropos: Sind Printmedien nicht längst am Aussterben? Und liest überhaupt noch irgendwer Literatur? Eins ist jedenfalls klar: Geht es um die Bedrohung des einen oder des anderen, landet die Schuldzuweisung schnell beim Internet. Wir glauben nicht an diese faule Erklä-rung. Wäre *Delfi* ein Tempel, befände er sich genau auf der Schnittfläche von Netz, Print und Sprachkunst. Niemand müsste sich erst herrichten, um ihn zu betreten. Die Basecap bliebe auf dem Kopf. Was heilig wäre, entschieden alle für sich. Denn im Zentrum stünde keine Deutungsmacht, sondern einzig und allein die Vertiefung. Das Lesen, allein oder im Kollektiv, das laute Lesen und das leise, das sukzessive Verstehen, das Lernen, die Akzeptanz des Nichtverständnisses. Demut kann nämlich ziemlich hot sein, solange sie uns einvernehmlich in die Knie zwingt. Die Tore stehen offen. Man muss sich nur trauen, den ersten Fuß über die Schwelle zu setzen – ins Ungewisse.

Fatma Aydemir, Enrico Ippolito, Miryam Schellbach & Hengameh Yaghoobifarah

Das kleine Schwarze, das große Weiße, die Nacht dazwischen

Olivia Wenzel

1

Im Jahr 2015 ging das Foto eines Kleids viral. Eine Frau namens Cecilia Bleasdale hatte es in UK fotografiert, wollte es auf der Hochzeit ihrer Tochter Grace tragen, fragte diese nach ihrer Meinung. Nachdem sie Grace das Bild geschickt hatte, wurde schnell klar, dass Mutter und Tochter völlig unterschiedliche Farben wahrnahmen; der Rest ist rasante Internetgeschichte. Innerhalb weniger Tage sahen Millionen Menschen das Foto und debattierten online: Ist es weiß-gold oder blau-schwarz? Studien zeigten später: 57 % von 1400 befragten Menschen sahen ein blau-schwarzes Kleid, 30 % ein weiß-goldenes und 13 % sahen andere Farben. Das ursprüngliche Kleid war tatsächlich blau-schwarz. Der Hersteller Roman Originals produzierte nachträglich, um adäquat auf den Medienrummel zu reagieren und für Charity-Zwecke, ein weiß-goldenes Kleid.

2

Ich liege im Bett, die Sonne scheint, draußen sind es über 30 Grad. Es ist Anfang August, zu viele Bäume verlieren bereits ihre Blätter. Ich liege im Bett und weine, ich liege im Bett und meine Vulva brennt, Blasenentzündung und Pilz aus der Hölle bzw. von letztens. Ich liege im Bett und schaue ein absurd teures Kleid von ASOS an, das ich zur Hochzeit eines Freundes tragen werde. Es hängt auf einem Bügel an der Tür meines Kleiderschranks, cremefarben, mit zarten Stickereien und Mesh-Kragen versehen. Als ich es vor ein paar Tagen anzog und meiner kleinen Tochter vorführte, rief sie: *Mama, du siehst ja aus wie eine Prinzessin!* In einem Ton, der begeistert, aber auch empört klang. Daraufhin bekam ich Sorge, übertrieben zu haben: Unter keinen Umständen wollte ich auf der Hochzeit meines Freundes aufgebrezelter oder festlicher wirken als die Braut.

Jetzt, während meine Tochter im Kindergarten ist und ich im Homeoffice, also heulend im Bett liege, google ich Bilder von Hochzeitskleidern echter Prinzessinnen. Bei einer Doku über die Schau-

spielerin Grace Kelly – dem Inbegriff weißer, erhabener Schönheit und
»Weiblichkeit« – bleibe ich hängen. Sie gab ihre glamouröse Karriere im
Alter von 26 Jahren auf, um bei Prinz Rainier III. in Monaco zu leben.
Als Hitchcock sie 1962 zum vierten Mal für eine große Rolle besetzen
wollte, obwohl sie Hollywood bereits seit einigen Jahren den Rücken
gekehrt hatte, gab sie ihm zuerst eine euphorische Zusage. Drei Monate
später revidierte sie diese in einem Brief an ihn. Unter großem Bedau-
ern schlug sie sein Rollenangebot aus, das winzige Fürstentum Monaco
verlangte nach ihr. Ihr Hochzeitskleid wird bis heute oft kopiert; ich
finde es wunderschön.

3

Ein anderes Kleid, das ich vorgestern in einer viel zu langen Nacht
getragen habe, war elegant und trotzdem irgendwie plump. Golden
schimmernder Samt, mit Stehkragen und langen Ärmeln, eng anlie-
gend, der Stoff endete etwa mittig auf meinen Oberschenkeln. Mittig
auf meinen Oberschenkeln. Ich unterdrücke den Impuls zu schreiben:
Der Stoff endete knapp unterhalb meines Arschs, und weiß, warum. Vielleicht werde ich das Kleid nie wieder anziehen, obwohl ich es schon
mehrmals gewaschen habe; was für ein Klischee.

4

Ich liege im Bett und schaffe es nicht aufzustehen, draußen regnet es,
drinnen irgendwie auch, mittlerweile sind zwei Wochen vergangen.
Ich liege im Bett und frage mich, ob es möglich ist, dass ein und der-
selbe Sex für die beteiligte Person A blau-schwarz ist und für Person
B weiß-gold.

5

Ich nehme das cremefarbene schicke Kleid von ASOS vom Bügel, ziehe
es an und mache mich auf den Weg. In der U-Bahn schauen mich
Fremde länger an als sonst. Ich habe weder Schlagringe an den Fingern meiner linken Hand noch Pfefferspray in meiner Umhängetasche.
Im Magen zieht sich nichts zusammen; ich fahre nach Mitte. Ich ahne,
dass P sich fürchtet vor der Kraft, die ich jetzt habe – durch das, was
ich anderen über ihn erzählen kann und muss, in einer Zeit, in der solchen Geschichten Raum gegeben wird.

6

Es gibt hier eine diametrale Korrelation:

Das »kleine Schwarze« ist ein Kleid, das bis heute im Hetero-Mainstream als verführerisch gilt. Dass es eng, knapp und dunkel ist, das macht es aus. Hochzeitskleider waren nicht immer weiß und sind es heute nicht überall auf der Welt. Aber vor allem im globalen Norden heiraten Frauen, die ein kostenintensives Brautkleid wählen, immer noch mehrheitlich in Weiß und mehrheitlich in einem Kleid mit weitem langem Rock – im Grunde also in ziemlich großen Kleidern.

Reinheit, Unberührtheit, Unantastbarkeit, Hochstatus: überholte Symbolik. Hetero-Ehe: überholtes, patriarchales Konstrukt. Die Frau im »kleinen Schwarzen« geilt alle auf, die Frau im »großen Weißen« ab sofort nur noch ihren Gatten.

7

Meine Freund:innen Zora und Burhan, selbst mit P befreundet, sagen, dass es Zeit sei, ihn zu *canceln*. Also ihre eigenen Beziehungen zu P. Je überzeugter Zora und Burhan darüber sprechen, je mehr sie ihre Solidarität und Freundschaft mit mir bekunden, desto unsicherer werde ich. Ihre entschlossene Wut ist nicht meine, ihre Klarsicht fehlt mir. In der Nacht, nachdem ich ihnen von P erzählt habe, hatten sie beide Albträume. Zora wurde von P um einen Tisch herumgejagt, Burhan sah Ps gigantisches Gesicht auf sich stürzen und wurde darunter begraben.

8

Während ich Wäsche aufhänge, höre ich, wie meine Tochter im Flur vor sich hin plappert. Sie spricht einen Dialog zwischen zwei imaginären Figuren, jeweils aus Ich-Perspektive:

Und dann habe ich seinen Penis abgeknabbert!

Was hast du?

Ja, einfach abgeknabbert! Das geht ganz leicht, echt jetzt!

Beim Abendessen frage ich bemüht beiläufig, ob sie wirklich schon mal einen Penis abgeknabbert habe. Oder ob sie gesehen habe, wie das gemacht wurde von jemand anderem.

Meine Tochter fragt verblüfft zurück:

Aber Mama, das ist doch verboten, oder?

Später, als sie schläft, finde ich das Wimmelbuch, das sie kürzlich geschenkt bekommen hat. Auf dem Cover ist ein ellenlanger dünner weißer Mann abgebildet, mit einer Jeans so glatt im Schritt, fast konkav, dass unmöglich ein Penis hineinpassen könnte. Ich hoffe, dass sie in den nächsten Tagen in der Kita wieder öfter Prinzessinnen und deren zahllose unvermeidliche Kleider im Kopf haben wird anstatt abgebissene Penisse. Dass darauf zu hoffen Teil des Problems ist, merke ich erst nach einer Woche.

9

Je mehr Zeit vergeht, desto unklarer werde ich. Manchmal denke ich an P mit überwältigender Wut (ekelhafter Bastard), manchmal mitleidig (armes Kackwürstchen), manchmal so, als wären wir noch Freunde, als sei nichts geschehen (Vertrauen, Sympathie, Zuneigung, Sehnsucht). Ich habe die einseitige Art, an ihn zu denken, mehrjährig eingeübt, jetzt holt sie mich ein: Dieser lustige, kluge, *woke*, unsäglich empathische und eloquente Mann mit so viel trauriger Vergangenheit, dass Unsicherheiten und Melancholie ihm auf ewig anhaften werden – *hot, hot, hot,* perfekt für mich! Schon als ich schwanger war, stellte ich verschämt fest, dass ich mich in P verliebt hatte – noch während ich mit Henning zusammenlebte und versuchte, mich auf unser gemeinsames Kind zu freuen. Dass P und ich vier Jahre und gefühlt 3000 WhatsApp-Nachrichten später tatsächlich etwas miteinander hatten, war vielleicht unausweichlich. Dass ich keinen harten Besoffski-Fick, sondern etwas Romantisches suchte, hätte er ahnen können. Dass unser intensiver digitaler Kontakt dazu beitrug, auch. Aber seit jenem Tag Anfang August Funkstille, nicht ein Wort, nicht eine Frage, kein dämliches Emoji.

10

Zora und Burhan spekulieren in ausufernden Chats, dass *Race* auf eine schräge Art auch eine Rolle gespielt haben könnte. Ich überfliege die Nachrichten. Inwiefern soll die Tatsache, dass P weiß ist und ich schwarz, Einfluss gehabt haben auf unsere sexuelle Begegnung?
   Ein paar Tage lang druckse ich um die Frage herum, hake nicht nach. Die Woche darauf sagt Zora in einem Telefonat unvermittelt, dass man ja gerade bei *interracial sex* noch vorsichtiger sein und darauf achten müsse, keine asymmetrischen Powerdynamiken zu reproduzieren; das sei zumindest ihre Erfahrung. Und dass sie mega überrascht sei, dass P, der doch knietief in all diesen Diskursen stecke, genau das anscheinend nicht getan habe.

Die Frage, ob mein Schwarzsein und Ps Weißsein eine Rolle gespielt haben könnten, werde ich nicht wieder los. Ich weiß nicht, wohin mit diesen Überlegungen. Das kleine Schwarze, das große Weiße?

11

Warum können Körper zusammenkommen, während sie sich voneinander entfernen?

12

Ich liebe Zora und Burhan; ich weiß, dass sie recht haben und dass sie P vielleicht dennoch unrecht tun. Die Gespräche mit ihnen überfordern mich; ich will mich nicht verantwortlich dafür fühlen, dass P Freund:innenschaften verliert. Oder dass die Sache Dynamiken auslöst, die ich nicht kontrollieren kann. Meine Versuche, Ps Handeln zu erklären, wischen Zora und Burhan beiseite (P sei ein bisschen *lost* und traurig gewesen in jener Nacht, der plötzliche Tod seines Lieblingshundes, die ewigen Schulden usw. Oder vielleicht sei diese Art, Sex zu haben, ja eine, die andere Frauen bisher gut fanden, vielleicht habe er es wirklich niemals anders gelernt?).

Ey, sagt Burhan lieb, *das ist vollkommen egal. Dass du dich danach eklig und scheiße und benutzt gefühlt hast, darum geht's. Das Letzte, was du jetzt machen musst, ist, dir über seine Seite den Kopf zu zerbrechen.*

13

Mit meiner Freundin Luise habe ich in den letzten Monaten über ein »Museum der alltäglichen Banalitäten« nachgedacht. In breitspuriger Antragsprosa für Kunst-Stipendien formulierte ich Fragen wie:

Was bedeutet es, den eigenen Alltag als eine vom Unterbewusstsein choreografierte Performance zu begreifen? Welcher Ästhetiken bedienen sich unsere Sinne dabei – vor allem jene, die in der bildenden Kunst nur selten bespielt werden (Tasten, Riechen, Schmecken)? Wie beeinflussen alltägliche Berührungen, Gerüche und Geschmäcker unsere Stimmung/unsere Entscheidungen/unsere Leben? Und wie lässt sich all dies in einem Museum – einem transmedialen Tempel, der das vermeintlich Unbedeutende würdigt – versammeln und erfahrbar machen?

14

Unter unserer Kleidung sind wir nackt. Nackt sind wir vielleicht zu
100 % die Menschen, die wir wirklich sind.

15

Luise hat sich meine Idee etwas unvollständig gemerkt und mich
manchmal nach dem Stand meines Museums der Gerüche gefragt.
Einmal sogar, etwas angetrunken, nach meinem Labyrinth der Gerüche. Zuletzt haben wir versucht, uns alltägliche Berührungen bewusst
zu machen und schickten uns Nachrichten, wenn wir ein Honigbrot
geschmiert oder geduscht hatten. Wir schilderten Berührungsabfolgen
aus Perspektive von Honigbrot und Duschkopf, freuten uns miteinander über Fliegen auf unseren Armen und komplexe Begrüßungsrituale,
die Jugendliche mit den Händen vollführten. Dass wir nicht berühren
können, ohne berührt zu werden, begeisterte uns.

16

Rosenthaler Platz, ich steige aus der U-Bahn. Alles in mir ist ruhig,
meine High Heels quietschen merkwürdig auf dem Asphalt, es ist
warm und nieselt leicht. Ich spaziere entspannt durch Mitte. Weder
Drogenabhängige vor Spätis noch Polizist:innen in Mannschaftsbus-
sen interessieren sich für mich. Nach 20 Minuten bleibe ich vor Ps
Erdgeschosswohnung stehen, spiegle mich im Fenster. Meine stark
geschminkten Augen starren mir entgegen, die aufgeklebten Wim-
pern sind überzeugend. Ich trete ein paar Schritte zurück, drehe mich
mehrmals im Kreis, mein Kleid bauscht sich auf. Dann hole ich einen
Pflasterstein aus meiner schmalen Umhängetasche, ziele und werfe.
Der Stein prallt ab, fällt zu Boden. Erst beim zweiten Wurf bricht das
Glas (beim zweiten Mal Sex, bei dem ich zu Beginn noch schlief, brach
ich). Vorsichtig entriegle ich das Fenster von der Innenseite her, öffne
es, klettere in die Wohnung. Die Scherben auf dem abgeschliffenen
Dielenboden bilden ein hübsches Muster. P ist nicht da, noch mindestens zwei Stunden lang im Park mit Hundesitten beschäftigt, ich
schaue mich um. Es riecht nach Bratkartoffeln, alles wirkt aufgeräumt
bis auf ein paar Kartons im Flur. Langsam klettere ich auf Ps Hochbett. Mein Kleid, das nicht länger ASOS gehört, raschelt. Ich lege mich
hin und halte die Luft an, die Luft und die Zeit. Die Bettwäsche riecht
nach nichts, ich kralle meine Finger in die weiche Decke. Dieses Zimmer wird mich nicht vergessen.

Ich schreibe mich ein in seine Wände, in seinen Boden, in das Holz des Hochbetts.

Ich schreibe:

Hier wird nie wieder jemand Zögerlichkeiten und alberne Versuche, jegliche erotische Stimmung zu torpedieren, ignorieren. Auf diesem Bett wird nie wieder jemand genervt davon sein, wenn eine Person das Rummachen mit Reden unterbricht. Nie wieder wird hier jemand – wenn eine Person mehrmals während dem Sex sagt, dass es ihr zu schnell geht – nicht zuhören und weitermachen. Nie wieder wird hier eine Person schließlich einen Orgasmus simulieren, damit der Sex endet. Und an keinem Morgen danach wird auf diesem Hochbett der Kopf einer Person dreimal ins Kissen gedrückt werden, während sie erwacht und feststellt, dass sie gerade von hinten gefickt wird, ohne Kondom, abwechselnd in Arschloch und Vagina. Weder in diesem Zimmer noch in irgendeinem anderen wird sie, eingerissen und trocken, laut sagen müssen: *Ich will nicht mehr.* Nie wieder wird daraufhin jemand schlagartig das Bett verlassen, ins Bad rennen, Wasser anstellen und dennoch leise stöhnend zu hören sein. Nie wieder wird währenddessen hier eine Person reglos im Bett liegen, verblüfft das Wort *Hilfe* denken, abwarten und hoffen, dass jemand – nachdem er zurückgekehrt ist – einschlafen wird, sodass sie sich davonstehlen kann. Nie wieder wird hier eine Person in eine Situation geraten, in der sie, weil jemand leider nicht einschläft und scheinbar verdutzt nachfragt, was denn los sei, antwortet: *Du, das kam mir grad nicht so richtig einvernehmlich vor*, nur um dann blitzschnell in den Raum gewirbelte Gegenargumente abzubekommen. Jemand habe selbst auch noch geschlafen, jemand sei doch auch berührt worden da unten, gestern Nacht sei doch auch kurz ohne Kondom gevögelt worden.

17

Als ich Luise von Ⴒ erzähle, beginne ich die Geschichte mit dem Satz *Also ich wurde jetzt nicht vergewaltigt oder so.* Und dann beschreibe ich ihr plötzlich, wie ich – nachdem ich Ⴒs Wohnung verlassen hatte an jenem Morgen – duschen ging. Mit eiskaltem Wasser, noch so ein Klischee. Dieses Duschen war ein anderes als das, was ich Luise in den Sprachnachrichten glucksend für unser Projekt beschrieben hatte. Ein Duschen gegen mich selbst, irgendwie strafend.

Scheiße, sagt Luise, *ich wünschte, mein Handy wär an gewesen an dem Morgen.*

18

Ich setze mich in Ps Hochbett auf und beginne, die Bettwäsche abzu-
ziehen.

Mit langsamen, ruhigen Bewegungen.

Als wäre sie seine Haut.

19

Nachdem ich Ps Wohnung an jenem Morgen kopflos verlassen hatte,
sprach ich Luise auf die Mailbox, dass das alles etwas gruselig geendet
habe mit P, *haha.* Danach rief ich Mika an, meinen freundlichen Lieb-
haber, der ranging, zum Glück. Ich begann zu weinen, was mir peinlich war, stammelte, dass mir vielleicht etwas passiert sei, dass ich
vielleicht zur Polizei gehen müsste, verbrachte stattdessen den Tag bei
ihm, duschte mehrmals. Und alles, was ich seitdem über die Begegnung
mit P gedacht und geäußert habe, wurde schon so oft anderswo erlebt
und besprochen, verheimlicht, geschworen, geschrien oder getwittert,
dass mir dieser Text, noch bevor er fertig ist, bereits überflüssig vorkommt. Zu diesem Gefühl tragen auch die Geschichten bei, die plötzlich wie Unkraut in meinem nahen Umfeld sprießen (Brautkleid bleibt
Brautkleid und Unkraut bleibt Unkraut). Seit ich begonnen habe, mit
anderen über P zu sprechen, wachsen mir diese Geschichten redun-
dant über den Kopf; nichts an meiner Erfahrung ist besonders:

A sagt mir, sie habe erst jetzt realisiert, nachdem sie mehrmals halbherzig mit ihrem ansonsten wirklich zauberhaften *boyfriend* P (oder
P2) geschlafen habe, dass sie das eigentlich verletze. Also dass sie fast
nie so viel Lust habe wie er, und dass er das wisse und es aber trotzdem mache.

B erzählt, dass ihre Tochter am ersten Schultag von drei Mitschülern
aufgefordert wurde, ihnen auf Toilette ihre »Muschi« zu zeigen, und
schaut mich ratlos an.

C sagt, sie habe damals auch so krass intensiv duschen müssen wie ich,
nachdem sie betrunken mit P2 oder P3 geschlafen hatte, *wahrscheinlich weil ich den null attraktiv fand. Das war in dem Moment halt chilliger,
als zu sagen, dass er bisschen stinkt, ich wollt halt nicht, dass es awkward
wird zwischen uns.*

D hat schon seit Jahren nicht mehr daran gedacht, dass damals – als sie schwanger war und schlief – P3 oder P4 an einem Morgen zugekokst nach Hause kam, sich auf ihre Schultern kniete und ihr seinen Schwanz in den Mund drückte. Als sie sich jetzt daran erinnert, kichert sie nervös. Sie habe es niemandem erzählt, weil, *na ja, ich glaub halt, dass unsere gemeinsamen friends, also die männlichen, das dann mit den Drogen entschuldigt hätten, und darauf hatte ich einfach keinen Bock.*

E sagt, dass P8 oder P100 zu Anfang ihrer Beziehung oft Erektionsprobleme hatte. Damit er besser hart wurde, habe sie sich manchmal von ihm würgen lassen, obwohl sie das eigentlich nie so richtig gemocht habe.

F schreibt eine Nachricht, teilweise in Großbuchstaben: Ich solle sie bitte in Frieden lassen, auch weiterhin. Es interessiere sie nicht, was bei mir grad los sei. Sie brauche einfach Ruhe und nicht, dass sich irgendwer in die Sache einmische – schon gar nicht das Jugendamt oder die Polizei. Dass Fs achtjährige Töchter von P12, diesem alten Sack, zwischen den Beinen »geküsst« worden seien, damit würden sie schon zurechtkommen. *Aber mit irgendwelchen rassistischen Bullenschweinen oder Tanten vom Amt nicht, no way. Please, just leave us alone, will you?*

G sagt, sie habe einmal beim Sex eine heftige Ohrfeige bekommen und musste stark darüber lachen: P23 sei es unfassbar peinlich gewesen, dass er derartig die Kontrolle verloren hatte.

H erinnert sich, wie sie als Kind mit einem anonymen Anrufer telefonierte: Er habe mehrmals gefragt, ob sie schon Haare an der »Musch« habe, das Gespräch wurde vom Anrufbeantworter der Familie aufgezeichnet. Für H sei es damals ziemlich unangenehm gewesen, das Band in Anwesenheit ihrer Eltern und der Polizisten abzuhören, unangenehmer als der Anruf selbst.

I sagt, dass sie schon von fünf fremden Männern in ihrem Leben dazu gebracht wurde, ihnen beim Wichsen zuzugucken, also in der Öffentlichkeit. Einmal sogar auf einem Damenklo, der Typ habe da ernsthaft seinen Schwanz kurz durch so 'n Loch in der Kabinenwand gesteckt: *Ey, fünf Exhibitionisten, damit lieg ich knapp überm Durchschnitt, oder? Goldmedaille! Ich hab die Pimmelspitze ganz vorn!*

J sagt, sie habe letztens beim Fotoalbumdurchgucken mit P700 festgestellt, dass sie die vierte Partnerin in Folge sei, die asiatisch-stämmig ist, und jetzt wisse sie nicht, ob und wie sie ihn darauf ansprechen solle: *Weil, ich mein, ist das jetzt Zufall oder 'n Fetisch?*

K redet mit höherer Stimme als noch vor wenigen Wochen; sie nimmt seit Kurzem Unterricht, um »weiblicher« zu klingen: *Ja, nee, schlimm war das schon, aber ich will sagen: Mir ist ja zum Glück nichts Sexuelles passiert.* Ks damaliger Freund P[80] hatte sie anderthalb Tage lang in seinem Arbeitszimmer eingesperrt und nicht gehen lassen. Im Nachhinein meinte er, das sei alles nur Spaß gewesen und eh klar, dass er K irgendwann rauslassen würde, weil ganz ehrlich: Hätte sie wirklich Angst gehabt, hätte er auf jeden Fall früher aufgehört.

20

Ich steige die Leiter von Ps Hochbett hinunter und denke plötzlich an Grace Kelly. Wie schön sie aussah bei ihrer Hochzeit, wie sterbensunglücklich. Wie sie wohl aussähe in dem Kleid von 2015, also in dem blau-schwarzen Kleid, denn es gibt nur dieses eine Original. Welches Leben sie geführt hätte, wäre sie dem Prinzen nicht begegnet. Wie ich mich fühlen könnte, wäre ich P nicht begegnet. Wie unwahrscheinlich es ist, dass ich jemandem wie P erst mit Mitte 30 begegnet bin. Wie P sich fühlen müsste, hätte ich seine Fensterscheiben, anstatt sie einzuwerfen, von außen komplett besprüht. Mit dunklen Farben, sodass kaum noch Licht in seine Wohnung fiele ... Grace Kelly stünde im Halbdunkel neben mir, unter dem Hochbett, einen grau melierten Jogginganzug tragend. Ich trüge nichts außer mich selbst. Mit einem Ersatzschlüssel, den ich Luises nichts ahnender Schwester entwendet hätte, wären wir in Ps Zuhause eingedrungen, alle Türen hätten wir offen stehen lassen. Mein cremefarbenes Kleid hinge von der Deckenlampe und erinnerte nicht länger an ein Brautkleid oder etwas anderes Festliches. Beträte man durch den Türrahmen des Zimmers den Raum und spähte ins Zwielicht, würde es wirken, als hinge dort ein Mensch, als habe sich dort jemand erhängt.

Ab und zu würden Grace Kelly und ich das Kleid anstupsen, damit es weiter sachte schwingen würde. Ansonsten aber stünden wir ganz still, Hüfte an Hüfte, während wir Ps Rückkehr erwarteten.

21

Obwohl ich stillstehe, gehen die Dinge weiter.

Ich begegne Zora, die sich in schlechtem Licht dargestellt sieht. Wir spazieren durch Neukölln. Sie schafft ihren Crêpe nicht, gibt mir den übrig gelassenen Teiglappen und sagt, sie komme rüber wie so 'n *social justice warrior*, der sich irgendwie selbstgerecht aufspiele, warum ich das so geschrieben hätte?

Ich begegne Luise, die mit geröteten Augen ihr Fahrrad anschließt und nicht über den Streit mit ihrer Schwester sprechen will.

Ich begegne Mika, mit dem der Sex weiterhin schön ist, auch wenn sein Bett grotesk laut knarzt. Manchmal brechen wir mittendrin ab, wenn ich eine Panikattacke kriege. Meinem Gefühl, dass es gut wäre, erst mal keinen Sex mehr zu haben, will ich keinesfalls nachgeben.

Ich begegne Luises Schwester, in einer E-Mail. Sie ist seit Jahren eng mit P befreundet und schreibt, sie würde gern auch meine Perspektive hören, falls ich mit ihr darüber reden wolle, aber *no pressure*. Sie meint es lieb und mein Magen verkrampft: Es ist jetzt ein Narrativ in Umlauf, das meines infrage stellt. Die überstehenden Ränder dieser zwei verschiedenen Narrative, die Stellen, an denen sie nicht deckungsgleich sind, drängen sich zwischen Luise und ihre Schwester.

Ich begegne P immer öfter in meinen Träumen: Mal liege ich bäuchlings auf einem Wasserbett und spreche mit jemandem, der keinen Körper hat. Plötzlich kommt P grinsend zur Tür rein, breitet sich wie ein riesiger Waschlappen auf meinem Rücken aus und verkündet: *Wir kennen uns doch, hast du das vergessen? Wir kennen uns!* Mal hocke ich vor einem Strohballen, und P raunt, dass wir jetzt ein Paar seien und er sich mächtig über die mathematische Anordnung der Blumen freue. Dann zieht er mich hoch und umarmt mich.

Während des Aufwachens glaube ich für einen Moment, eine Aussöhnung sei möglich bzw. habe stattgefunden. Unter der Dusche wird alles wieder unmöglich, und ich starre in den Dampf.

Ich begegne Mika, in einer WhatsApp-Nachricht. Auf einer Party habe ich jemanden kennengelernt, dessen Filme ich liebe, und es Mika getextet. Daraufhin wünscht mir Mika aufrichtig viel Erfolg dabei, diesen Regisseur zu verführen. Mit einem unbekannten Mann zu schlafen, ist nicht länger eine Option, stelle ich fest und bin eigenartig gekränkt, dass Mika das nicht antizipiert hat.

Ich begegne mir selbst, in der Staatsbibliothek. Während ich die Treppen hinaufsteige und ins Herz der Bücherei laufe, in schwindelerregend hohe, weite Räume mit Ufos als Deckenlampen, fange ich an zu schwitzen. Mit den Fingern meiner rechten Hand beginne ich, die sich aufspannende Haut zwischen linkem Zeigefinger und Daumen zu massieren. Manchmal stoße ich auf Verhärtungen, kleine Knoten. Ich möchte glauben, dass ich sie mit genügend Geduld wegkneten werde.

An einem beigen Schreibtisch zwischen den Regalen erwartet mich die Ruhe disziplinierter Geisteswissenschaftler:innen: Alter hellgrauer Teppich, Stimmung und Akustik gedämpft, sich auf mich übertragende

Konzentration, Alltäglichkeit. Sitze ich hier, sitze ich an einem aus der Zeit gefallenen Ort, höre hin und wieder einen Stuhl quietschen, eine Plastikflasche, die geöffnet wird, leise klackende Tastaturgeräusche. Hier bin ich allein und bin es nicht, hier wird es gehen. Hier werde ich nach dem Pflasterstein in meiner Tasche tasten, aber lediglich ein paar Kastanien finden, die meine Tochter eingeschmuggelt hat. Hier werde ich aus dem Fenster in Richtung Himmel schauen, auf einem flatternden Banner lesen: *Please cry*, und an P denken. Hier werde ich den Text beenden, einfach so – in dem Wissen, dass es jenseits dieses Texts kein Ende gibt.

Olivia Wenzel schreibt Theatertexte und Prosa, ist Musikerin und Performerin. 2020 erschien ihr Debütroman *1000 Serpentinen Angst* (S. Fischer Verlag). Ihre Stücke wurden an vielen Theatern gespielt, neben dem Schreiben gibt sie Workshops für Jugendliche und junge Erwachsene.

Rue du Temple
Esther Dischereit

Vorbei an Sedertellerchen
12 an der Zahl mit Serviettchen
darauf als wären es die Zwerge
aus Schneewittchen die sich
hier niederließen
12 Weingläser aus denen
die Trinker_innen die Plagen
heraustropfen sie benetzen
den Finger rot und
tupfen die Plagen auf den
Tellerrand
Einmal saß ich mit Karen
an diesem Tisch und weil
sie aus Bagdad war und
nicht aus Berlin oder
Jerusalem hob sie die Plage
umgekehrt vom Tellerrand
wieder auf und schüttelte sie
über dem Glase ab
sodass sie von ihr verschont
geblieben sein möge
Ja eben Bagdad, sagte sie
mit erhobener Gewissheit
wer anders wusste es anders
wie die Großmutter, savta,
aus der Ukraine gesagt hatte
und so geht es jedes Mal hin
und her und niemals
gibt es eine Einigkeit darüber
ob das Glas und der Teller
oder zurück und die Hände gewaschen
vor oder danach es anders bestimmt
aber doch, das kann ich sehen
ein Glas fehlt, das von Elias
wie soll er hereinkommen
wenn nichts gedeckt ist
und der Stuhl nicht dasteht

ich habe ein gutes Verhältnis
zu Elias er ist der notorisch
Fremde, die Unbekannte
und es wird ihr angeboten
hereinzukommen, die Tür
bleibt angelehnt
die Gastgebenden hätten Elias
schon erwartet

wie 1939 die Kinder des Transports
auf den Bahnhöfen in England
mit heißer Schokolade empfangen
wurden nach Jahren die nahezu Hundertjährigen
erinnern sich daran

in denen ihre Nachbarskinder
Guten Tag Sagen längst eingestellt
hatten und sie lernten
sich unsichtbar geräuschlos und
unauffällig zu bewegen
oder ganz und gar über die Maßen
niedlich, zum Verlieben niedlich,
wie meine Schwester – das war
aber auch ein hübsches Kind sagt
die Tochter des Fotografen
der auch überlebt hat

Klöße aus Long Island
wir sind uns einig
schmecken nicht, zu groß
zu fest zu schwer
Zroa Betsa Maror H'arosset
Karpass
H'aséret
Petersilie und Salzwasser
Bitterkraut
ein hartes Ei
ein Knochen
Mus aus Äpfeln und Nüssen

undsoweiter
jetzt stehen die Tellerchen
in der Auslage des jüdischen
Viertels die echten koscheren
Läden haben geschlossen
also bietet der unechte
die Tellerchen in der Auslage
an wie ein Puppenservice
soweit ich weiß
geht es um das Ende der
Sklaverei den Auszug aus
Ägypten den wissenschaftlich
ach komm mir nicht
das ist doch schön
das Ende der Sklaverei

wie die Schlange der Menschen
sich langsam vorwärts bewegt
im nicht koscheren
Backladen und sie nach
etwas Fremdem
hier anstehen

Matze zum Beispiel hat noch nie
nicht irgendwie geschmeckt
Matze kann ich hören
das Kraspeln wenn du sie brichst
und mir das erste Mal im Jahr
davon gibst tausende kraspeln
jetzt mit der Matze und
tausende davor

ich verlange auch das, was ausliegt
ein Brot gebacken mit
Matzemehl, das ist wie
Donut mit Florentinerbelag
also ich esse das aus Matze gebackene

süß nasse Brot
und etwas in Gelee in Vierteln
heißt Fis – Fuß –
schmeckt nach gar nichts
und niemand will Fis aufessen
die ostjüdische Küche
war immer schon ...

die Esserinnen und
Esser unter uns fehlen so ist das
mit ihnen diese Sprache
Worte biegen ab in eine singende Höhe
und dazwischen ist es kehlig
oder mittelalterlich wir sollen
die Regeln verlassen
sagt Wendy und redet jetzt
über Akupunktur in einem Flüchtlings-
lager 2015

Jewish Renaissance hm
Haus und Laden zurück
Sprechen zurück
die Geister stehen da
in Gewändern oder als
Inschriften auf den Gittern der
Gärten und an manchen Gebäuden

das Schneewittchen – ich meine,
wer hat von meinem Tellerchen
gegessen, aus meinem Schüsselchen
getrunken, sie aß einen Apfel.
Ach – wie viel H'arosset ist dieses Mal
übrig geblieben, verstehst du das?

Nächstes Jahr: was soll ich da ein-
tragen

Esther Dischereit ist Schriftstellerin. Sie schreibt Prosa, Lyrik, Essays, Stücke für Hörfunk und Theater, arbeitet zusammen mit Ray Kaczynski, Percussion, Video-Künstler_innen, Tanz, Schauspiel. Sie kuratierte die Ausstellung *Wer War Fritz Kittel. Ein Reichsbahnarbeiter entscheidet sich*, Berlin 2023, zusammen mit Veruschka Götz, Gerhard Schick, Susanne Kill (Deutsche Bahn). Im Jahr 2009 erhielt sie den Erich-Fried-Preis für ihr Werk.

Geschichte einer Visite

Maria Stepanova

1

Es liegt ein unwiderstehlicher, fataler, zerstörerischer Reiz in der Idee, sich selbst von außen zu betrachten: mit einem Blick, der keinerlei Liebe, ja nicht einmal flüchtiges Wohlwollen in sich trägt – so (raunt die Versuchung), wie man wirklich ist, ohne eigene oder fremde Illusionen, ohne die Aquarellschleier des Mitgefühls oder der Sympathie, im nüchternen Licht der ungeschönten Wahrheit. Haut, Haare, Haltung. Typische Posen, Essgewohnheiten, peinliche Schwächen; der berühmte Mülleimer mitten in der Küche bei Marina Zwetajewa in Paris. Die eigene Egozentrik und Unaufmerksamkeit, die kleinen Lügen, der Hang zu wilden Streitereien, die Gleichgültigkeit gegenüber Fremden, all das müsste sich Zweig um Zweig, Fragment um Fragment zu einem mutmaßlich objektiven Bild fügen, jener *authentischen Realität*, die man erspähen möchte und zugleich fürchtet zu sehen. Dieses Bild (eigentlich ist es ein Un-Bild: nichts ist weiter entfernt von der Eigenart eines lebenden Wesens als ein Schnappschuss ohne *love interest*) setzt sich meist erst nach dem Tod eines Menschen zusammen, wenn die Neugier der Nachwelt die letzten biografischen Krümel hervorkehrt und anfängt, Pelze im Schrank oder verlassene Ehefrauen zu zählen. Manchmal aber ist der präzise, zupackende, professionelle Blick eines Außenstehenden schnell genug, um noch zu Lebzeiten eine Kopie vom Original anzufertigen. Dann wandeln der Mensch und sein Abbild noch einige Jahre lang zu zweit auf Erden.

2

Am 3. Juli 1972 traf am Moskauer Flughafen Scheremetjewo eine ausnehmend wichtige Person aus London ein.

Die übliche Sommerhitze schien sich an diesem Tag noch verdichtet zu haben, zu etwas nun schon Unüblichem: Der Asphalt schmolz, die Luft in den Vororten roch nach Rauch, es näherte sich der auf lange Zeit unvergessliche, schreckliche Sommer 1972 – Waldbrände, kilometerweit schwelende Torfmoore, aussichtslose Löschversuche, giftiger

Dunst in den Moskauer Straßen. Im Juni desselben Sommers war ich
zur Welt gekommen, und als ich größer wurde, wollte ich haargenau
wissen, wie es damals gewesen war. Ende Mai war Richard Nixon zu
einem Staatsbesuch in die Sowjetunion gereist – vor seiner Ankunft
hatte man hastig beide Hauptstädte von Dissidenten gesäubert; Vor-
würfe wegen der Bomben auf Vietnam ersparte man ihm, zum Anden-
ken bekam er ein Tragflügelboot geschenkt. Am 4. Juni verabschiedeten
Freunde am Leningrader Flughafen Iossif Brodski in die Emigration;
man hatte ihm nachdrücklich zu verstehen gegeben, dass er besser aus-
reisen sollte, und ihm zwei Wochen Zeit zum Packen gelassen. Er hatte
seine Schreibmaschine dabei und begann noch im Flugzeug ein Reise-
tagebuch, als wäre das die einzige Möglichkeit, mit der über ihn her-
eingebrochenen Schicksalswende fertigzuwerden: alles, was geschah,
jede Bewegung in Echtzeit aufzuzeichnen.

Die Dame, die einen Monat später in Moskau landete, hatte dagegen ein auf den ersten Blick merkwürdiges Sortiment von Dingen im
Koffer – doch all das waren Geschenke für die berühmte Frau, die sie
hier kennenlernen sollte. Die Packliste hatte sie Jahre später noch im
Kopf: »Sechs Yehudi-Menuhin-Platten, drei Gläser Orangenmarmelade,
sechs Blöcke gutes Briefpapier plus Kuverts, ein Dutzend Kugelschrei-
ber, vierzehn Paar Nylonstrümpfe, drei Fläschchen Tabletten – ein
holländisches Medikament gegen Magengeschwüre, das mein Arzt
und ich nur mit größter Mühe hatten auftreiben können –, Winter-
kleider und Pullover [...] für ihre Freundinnen, ein Kaschmirschal für
sie selbst, ein Flakon *Arpège*, Eau de Toilette von Lanvin, zwölf Krimis und ein großer Manila-Umschlag von ihrem Verleger, prall gefüllt
mit Zeitungsausschnitten, Rezensionen ihres Buchs, das international Furore gemacht hatte.«

Die Besucherin selbst war eine der Leserinnen dieses Buchs; sie
hatte es aus der Bibliothek ausgeliehen und sich eine Nacht lang nicht
davon losreißen können, anschließend schrieb sie einen Dankesbrief
an den Verleger, dann einen zweiten an die Autorin, und jetzt fuhr sie
in die Sowjetunion, um sie persönlich zu treffen. Ihrem Text über dieses Abenteuer gab sie später allerdings den Titel »One Look at Mother
Russia«, woraus man schließen konnte, dass »russisch« und »sowje-
tisch« für sie weitgehend gleichbedeutend waren.

Martha Gellhorn, die berühmte Kriegsreporterin, kennt man in
Russland im Wesentlichen als Hemingways Frau (die dritte und die
einzige, die ihn verließ, sosehr er sie auch zu halten versuchte). Ihn
hätte dieser Umstand sicher gefreut: Gegen Ende der Ehe mit Martha
machten ihre literarischen Erfolge ihn nicht weniger wütend als ihre
übrigen Vorzüge – ihr kalter Mut, ihr Humor und ihre sportlich-sol-

datische Großzügigkeit in Sachen Sex. Marty, wie er sie nannte, war zusammen mit ihm im Spanischen Bürgerkrieg gewesen: Sie klagte nie über Müdigkeit, wurde unter Beschuss nicht hysterisch, trank nicht weniger als alle anderen und schrieb einwandfreie Reportagen. Zudem, das schätzte er besonders, war sie groß, langbeinig und blond; allein das hätte ihm im Grunde schon genügt.

Gellhorns Lebenslauf wäre auch dann beeindruckend, wenn sie Hemingway nie begegnet wäre. Sie reiste von Krieg zu Krieg und ließ keine Gelegenheit aus, für diejenigen einzutreten, denen Unrecht widerfuhr, oder zumindest am Ort des Geschehens zu sein: Spanien, Finnland, Tschechoslowakei, China, Birma, Normandie (sie nahm als einzige Frau an der Invasion der Alliierten teil), mit Halt in allen weiteren Stationen, von Vietnamkrieg bis Panamakonflikt. Nebenbei fand sie Zeit zum Schreiben – Novellen, Theaterstücke, Romane – und für Affären, die aber nie lang genug dauerten, um zur Hauptsache in ihrem Leben zu werden. Sie war ein standhafter, unermüdlicher Soldat im Dienst der Gerechtigkeit, die in ihrer subjektiven Auslegung manchmal offen ungerechte Züge annahm: Ihre Gegner entmenschlichte sie mit Leidenschaft – und Gegner gab es reichlich. Je älter sie wurde, desto mehr genoss sie es, einem Kontrahenten unangenehme Wahrheiten ins Gesicht zu sagen. Sich danebenzubenehmen, über Regeln und Erwartungen hinwegzugehen, hatte ihr im Übrigen immer schon aufrichtiges Vergnügen bereitet. Ihr Verhalten orientierte sich an männlichen Mustern: Kameradschaftsgeist, Arbeitskult, Schlagfertigkeit und sexuelles Draufgängertum (einschließlich einer – in heutigen Begriffen – Objektifizierung, die sich in Gellhorns Fall gleichmäßig auf die ganze Menschheit erstreckte) bildeten in den späten 1930er-Jahren eine universelle Sprache, die von allen verstanden, aber vor allem von Männern gesprochen wurde.

Doch auch der Frauentyp, für den Martha Gellhorn stand, war so universell wie international. Die breite Formation, die die Suffragettenbewegung mit dem Feminismus der 1960er-Jahre verbindet, ging über geografische Grenzen hinweg, und sie brachte Generation um Generation neuer Frauen hervor – Mädels, *girls*, wie es damals gern hieß. Eine kurze Beschreibung dieses Typus gerät zwangsläufig oberflächlich: Kühnheit und Chuzpe, Stolz und Scheu, Abenteuerlust, Unkonventionalität, Verachtung für die Idee der Ehe, ein hartnäckiger, sei es sozialer oder sexueller, Freiheitsdrang – all das war im Spiel und trifft doch nicht den Kern: den Ton. Gerade der gemeinsame Tonfall war es, der sie, wie mir scheint, zu Verwandten machte, zu Teilen einer unsichtbaren Schwesternschaft aus russischen, deutschen, polnischen, amerikanischen neuen Frauen, die sich heldenhaft der ungerechten Welt entgegenstellten. Nur sehr wenige gingen aus diesem Kampf siegreich hervor; dass sehr viele ihn nicht überlebten, dafür sorgten die 20er-, 30er-, 40er-Jahre, zumal auf dem europäischen Kontinent. Die ihn doch überlebten, hätten einander eigentlich von Weitem erkennen müssen, so möchte man meinen.

Die Frau, die Martha Gellhorn besuchen wollte, war eine dieser Überlebenden – eine Siegerin, könnte man sagen, wenn der Begriff in Bezug auf ihr Schicksal nicht so unpassend wäre. Nach jahrzehntelangen Irrfahrten durch fremde Städte und Wohnungen lebte sie nun wieder in Moskau, und sie war die Autorin eines berühmten Buchs, das 1970 auf Englisch erschienen war. »Zum ersten Mal zeigte mir hier jemand, wie es war, jeden einzelnen gehetzten, verfolgten Tag unter dem Terror einer Diktatur zu leben«, schrieb Gellhorn einige Jahre nach ihrer Rückkehr über dieses Buch. Doch dessen Titel taucht in ihrem Text seltsamerweise nicht auf, ebenso wenig wie der Name seiner Autorin. Gellhorn wird ihre Gründe gehabt haben, sie nicht zu nennen – in *Ein Blick auf Mutter Russland* heißt die Heldin jedenfalls durchgehend nur »Mrs M.«.

Immerhin war Nadeshda Jakowlewna Mandelstam zum Zeitpunkt der Veröffentlichung noch am Leben.

3

Ende der 1960er-Jahre, als N. M. sich beinahe schon daran gewöhnt hatte, dass sie auf ihre alten Tage plötzlich nicht mehr bei fremden Leuten wohnte, sondern in einer Wohnung für sich allein, mit eigener Toilette (vor Freude über das funktionierende WC bestand sie darauf, dass die Tür immer offen blieb, damit sie es jederzeit sehen konnte), bekam sie zunehmend häufig Besuch, und viele der Gäste reisten sogar aus dem Ausland an. Anfangs war das mit großer Angst verbunden, man verständigte sich, wie früher bei Anna Achmatowa, mit Gesten oder machte lange Pausen, in denen man etwas auf einen Zettel schrieb, der nach dem Lesen sofort vernichtet wurde. Doch mit der Zeit, insbesondere nach der Publikation von N. M.s Erinnerungen im Westen, ließ die Angst nach. Ganz verschwand sie nicht, das schien kaum denkbar, zumal N. M. und ihr Kreis sie auch gar nicht loswerden wollten. »Bewahren Sie sich Ihre Verzweiflung«– der berühmte Satz, mit dem Achmatowas zweiter Mann Nikolaj Punin sich bei seiner Verhaftung von ihr verabschiedete, war zur Basis eines ungeschriebenen inneren Kodex geworden, der besagte: Wer die tägliche Angst ablegt, büßt auch die Erinnerung ein. Die Überlebenden (in der Mehrzahl waren es Frauen, jene *Mädels* der 20er-, 30er-, 40er-Jahre, deren Männer und Geliebte man erschossen hatte) schrien im Schlaf wie waidwunde Hasen. »Das ist noch gar nichts!«, sagte N. M. nach einer solchen Nacht einmal zu einer jüngeren Freundin: »Sie sollten erst mal hören, wie die Stoljarowa schreit« (nach siebzehn Jahren Lager und Verbannung).

Abwarten, wer sturer ist lautet der Titel eines 2015 erschienenen Bands mit Briefen und Erinnerungen an Nadeshda Mandelstam. Was die dort versammelten Zeugnisse über die 1970er-Jahre erzählen, verschmilzt rasch zu einem einzigen Narrativ, in dem sich vieles überschneidet – und wie auch nicht? Die Leute, die über die Jahre in N. M.s Wohnung im Moskauer Stadtteil Nowye Tscherjomuschki kamen, prägten sich ein und dieselben Dinge ein, und die Erinnerungen der ausländischen Gäste unterscheiden sich hier wenig – allenfalls gehen sie etwas konkreter auf diese ihnen unbekannte formlose Lebensform ein, in der die generelle sowjetische Unbehaustheit potenziert war durch die Gewohnheiten der Witwe eines Lagerhäftlings, die dreißig Jahre lang nichts Eigenes besessen hatte.

Reduziert man diese Texte auf eine nüchterne Aufzählung, bleibt das Skelett einer Geschichte, die jeder Gast auf seine Weise erinnert und erzählt, aber alle in einem Tonfall verlegenen Staunens: Was sich in jenen Jahren in der kleinen Wohnung in Nowye Tscherjomuschki abspielte, war sogar für die nicht sehr gewöhnlichen Menschen, die dort verkehrten, äußerst ungewöhnlich. Die wesentlichen Elemente lassen sich leicht reproduzieren, sie wiederholen sich von Mal zu Mal: die Taxifahrer, die Mühe hatten, den Weg und das richtige Haus zu finden. Der dunkle, enge Flur, die mit einer Kette gesicherte Tür, der nicht abreißende Strom von Menschen, die kamen und gingen, und das ebenso endlose Gastmahl, das bescheidene Essen, der extrem starke Tee, die kettenrauchende N. M., ihr ewiger Husten, unterbrochen von lautem Gelächter, wenn ein Witz zündete. Die Schärfe und Kompromisslosigkeit ihrer Urteile, ihre Fähigkeit, blitzschnell von Zorn auf Wohlwollen umzuschalten (oder an einer Ungerechtigkeit jahrelang festzuhalten, auch das kam vor). Die Küche und das Zimmer, begraben unter Büchern, Papieren und Kleidungsstücken; das alte Sofa, das irgendwie jeder erwähnt. Die fröhliche Libertinage, die offenen, ja offensiven Gespräche über Sex (es waren mit jeder Freundin andere, aber bestimmte Motive wiederholten sich). Die Pläne für ein Treffen im Jenseits, wo *sie und Oska* endlich wieder streiten und einander abwechselnd »aufs Maul« geben könnten für vergangene Fehltritte. Von den frühen 70er-Jahren an das wiederkehrende, nicht ganz ernst gemeinte Thema Emigration, mit dem sie ihre Freunde verrückt machte; die immer wieder neu gestellte Frage: Sollte sie auswandern, und wenn ja, wohin, und wie und wovon sollte sie dort leben? Die schlichte, im

Laden an der Ecke gekaufte Kittelschürze, die N. M. trug, ihre Leidenschaft für Krimis, ihre alte Gewohnheit, Unterhaltungen halb liegend zu führen, ihre Frechheit im Reden und Auftreten. Und, wie könnte es anders sein, die Gespräche über ihren Mann.

Denn die Leute, die zu N. M. kamen, wussten nicht nur, wer *dieser Mandelstam* war – andernfalls wären sie gar nicht erst hier gelandet (ich erinnere mich an die Geschichte jenes Mandelstam-Verehrers, der die Witwe des Dichters kennenlernen wollte und den N. M. eine halbe Stunde lang Strophe auf Strophe rezitieren ließ, bis sie endlich überzeugt war, dass er nicht vom KGB kam, und ihn in die Wohnung ließ). Sie wussten es und wollten auch immer noch mehr wissen, Mandelstam war Gegenstand ihrer konzentrierten Aufmerksamkeit – doch auch das ist nicht der Punkt. Was alle verband, die hier tranken, Witze erzählten, nach verschiedenen Textfassungen forschten und naive Fragen stellten, auf die nur ein Ausländer kommen konnte, war vielmehr das gemeinsame zweifelsfreie Wissen um die Kostbarkeit dessen, was sie hier erlebten. Ihnen war nicht nur klar, mit wem sie redeten, sie brannten für die Sache, und sie verfolgten ihr Interesse daran aus verschiedenen Winkeln und Richtungen in immer feinere Verästelungen, bis zum äußersten Punkt des Verstehens. Was an diesem Ort in Nowye Tscherjomuschki damals geschah, war ein Tag um Tag sich entfaltender Text, der gelesen und dechiffriert werden wollte, der nach tätiger Mitwirkung verlangte – und an den Memoiren der Teilnehmer sieht man bis heute, wie dieses Tun einen innerlich veränderte.

Die Erzählung Martha Gellhorns enthält all die Bausteine, die ich hier kursorisch aufgezählt habe, und vieles mehr, das ihrem wachen, präzisen journalistischen Blick und ihrem geübten Gedächtnis für Details nicht entging, und doch bleibt sie selbst auf der anderen Seite, jenseits der geschlossenen Türkette. Einen Test als Mandelstam-Expertin hätte Gellhorn nicht bestanden, sie hätte es gar nicht erst versucht. Der tote Dichter (der große Dichter, »Mrs M.s großer Ehemann« nennt sie ihn mehrfach, als wäre es der militärische Rang oder akademische Grad einer Figur in einer Reportage) interessiert sie herzlich wenig, und nichts deutet darauf hin, dass sie seine Gedichte gelesen hat. Was für Gellhorn zählt, was sie beschäftigt und ihr keine Ruhe lässt, ist allein das, was sein Schicksal und Tod in den Augen der Frau bedeutet, die davon erzählt – als Ausgangspunkt ihres eigenen Schicksals. Das genügt ihr. Gellhorn gehört zu der Sorte Leser, die von der Existenz Ossip Mandelstams erstmals aus den Memoiren seiner Frau erfahren haben – sie wurden zum Bestseller, noch ehe die Welt begann, seine Gedichte zu übersetzen. Autor, *Autorin* war für sie in erster Linie

Nadeschda Mandelstam – Nadeschda, deren ins Englische übersetzter Vorname auch in den Titel ihrer Erinnerungen eingegangen war: *Hope against Hope*. Um diese dreiundsiebzigjährige Hoffnung zu treffen, war sie gekommen.

4

Gellhorns Text – Travelogue, Erzählung, wie immer man ihn klassifizieren will – ist brillant, er könnte in einer Anthologie der boshaftesten Russland-Reiseberichte aller Zeiten stehen. Veröffentlicht wurde er 1978 in einem Band Geschichten über die schlimmsten Reisen ihres langen Globetrotter-Lebens, und in diese Reihe passt er. In *Die Tiger des Mr Ma* (man schreibt das Jahr 1941, japanische Truppen stehen in China, eine der Schlüsselszenen ist die Suche nach einer Feldlatrine unter Bombardement) zitiert Gellhorn einen Kommentar ihres Begleiters über sie: »Martha liebt die Menschheit, aber Menschen kann sie nicht ausstehen.« Es ist natürlich Hemingway, der das sagt, und ausnahmsweise hat er recht. Gellhorn gibt sich der Ungerechtigkeit mit so sprühendem Übermut hin, dass jeder Einwand, jeder Ärger darüber sinnlos scheint. Ihr Esprit ist der eines Gastes, der zum Spaß allen anderen am Tisch widerspricht, egal was sie sagen. Die Geschichte ihrer Moskaureise ist im Ton einer verwöhnten Feinschmeckerin erzählt, die sich über ihr Essen beschwert, was umso komischer wirkt, als Gellhorn in der Woche, die sie in der UdSSR verbringt, nicht ein einziges Mal richtig satt wird.

Ihre Versuche, an ein Mittag- oder Abendessen zu kommen, zu frühstücken, ein Eis zu kaufen, ein Glas Wasser zu bestellen, ein Taxi zu bestellen – ausnahmslos alle mit einem unergründlichen *Nyet* beantwortet –, bilden das Grundgerüst, das Rückgrat der Erzählung. Sie wiederholen sich wie zwei Teile einer wieder und wieder abgefragten Parole – und nebenbei wird es ringsum immer heißer und die Frustration immer größer: Die berühmten Birken sind dünn gesät und nicht zu vergleichen mit denen in Wisconsin; Moskau ist grau und endlos, nichts als »kahler Stein. Und nirgends singt ein Vogel«. Aus komischem Befremden wird bald schiere Verzweiflung: Martha zählt die Tage bis zur Abreise, das Einzige, was sie noch hält, ist die Notwendigkeit, *Mrs M.* ihre Geschenke zu bringen – portionsweise, jeden Tag ein bisschen, damit der Geheimdienst keinen Verdacht schöpft. Die Taxifahrer finden den Weg nicht. Die Passagiere in der Metro, allesamt in Grau oder Braun gekleidet, schielen entsetzt auf Marthas rot lackierte Fußnägel. In der riesigen Lobby des Hotels *Ukraina* funktioniert nur einer der Aufzüge, die Gäste stehen Schlange. Im Restaurant wird der Rot-

wein gekühlt serviert. Die Tischdecken sind schmutzig. Das Gemüse
auf dem Bauernmarkt ebenso.

Wie gesagt, eigentlich ist das ein lustiger Text, selbstironisch und
schnoddrig. Er erinnert entfernt an »Tim und Struppi« oder an die
Kurzfassung eines Kolonialromans über die Abenteuer einer weißen
Journalistin (*a towering blonde*, so beschreibt sie sich selbst) in einem
gefährlichen exotischen Land. Die Heldin ist ständig in Angst, sie fürchtet, verhaftet zu werden, fürchtet, dass man sie an der Grenze fragen
wird, warum sie mit einem leeren Koffer zurückfährt – um ihn zu füllen,
kauft sie im Staatskaufhaus *GUM* meterweise scheußlichen Brokat. Die
Eingeborenen bringen ihr bei, wie man »schwarz« Taxi fährt und dass
man ein Kissen aufs Telefon legen muss, um nicht abgehört zu werden.
An einem der Abende in Nowye Tscherjomuschki erfährt sie, dass Sho-
res Medwedew verhaftet wurde, »in einer Telefonzelle«. Sie weiß nicht,
wer Medwedew ist, aber das macht die Sache nur noch beängstigender.
Der ganze Text ist von einer dicken Schicht Angst überzogen – eigener
und fremder, aus rhetorischen Gründen übertriebener und echter, ins-
tinktiver, animalischer Angst. Das Schlimmste aber ist, dass Gellhorn
im Grunde keine Ahnung hat, was sie hier sucht, und wozu.

Der Eindruck, den das alles erzeugt, ist extrem seltsam: als würde
man einen Film über einen nahen lieben Verwandten sehen, gedreht
von einer diesem Verwandten gegenüber vollkommen indifferenten,
aber scharfsichtigen und professionell arbeitenden Person. Keine der
Einstellungen stimmt, die Geschichte ist nicht wiederzuerkennen, und
zugleich kann man nur dankbar sein für jedes Bild, jeden Satz, der
da Wort für Wort festgehalten ist, für all die kleinen Details, die das
gute Gedächtnis der Filmemacherin und damit auch die Authentizi-
tät dieser Bilder belegen. Die Gegenstände wirken unverbunden, die
Hälfte der Dialoge ist nicht zu hören, aber die Attribute von Ort und
Zeit sind verblüffend genau getroffen. Mal erkennt man Jelena Micha-
jlowna Arens, eine Freundin von N. M. und Witwe eines unter Stalin
erschossenen Diplomaten, eine hervorragend Englisch sprechende
Frau in einem ausgeblichenen Baumwollkleid von der Art, wie sie in den
Staaten »Putzfrauen bei der Arbeit tragen«. Ein andermal taucht ein
kleiner Briefmarkensammler auf, der einem vage bekannt vorkommt.
Man hört Gesprächsfetzen – damit Gellhorn der Unterhaltung folgen
kann, wird mit vereinten Kräften übersetzt, in eine Mischung aus Englisch, Französisch und Deutsch, nur klarer wird dadurch nichts: Die
wörtliche Bedeutung liegt auf der Hand, aber es fehlt der gemeinsame
Kontext. Man redet über Sinjawski, man redet über Whisky (»besser
als Wodka«), man redet über das Leben nach dem Tod. N. M. zieht liebevoll über die nicht namentlich genannte Dichterin Natalja Gorba-

newskaja her: »Drei Jahre haben sie sie ins Irrenhaus gesperrt. Jetzt ist sie draußen. Sie sagt, die Ärzte hätten sie gut behandelt, verstehen Sie, das gab es noch nie. Ich glaube trotzdem, dass sie ziemlich verrückt ist, sie läuft dauernd irgendwelchen Männern nach.« Ich wurde behandelt, schreibt Gellhorn leicht befremdet, als ginge ich hier seit Jahren ein und aus.

Dieses Befremden hängt eng mit dem Motiv der wechselseitigen Stummheit zusammen, das für mich im Zentrum der ganzen Geschichte steht. N. M.s Kreis nahm Gellhorn als eine der ihren auf, das war der höchste Vertrauensbeweis – aber sie wollte offenbar gerade als Fremde empfangen werden, wie der Waräger-Kaufmann in der Oper *Sadko* – man sollte sich um sie kümmern, ihr Fragen stellen, sie unterhalten. In einer der schärfsten Passagen ihres Essays spricht sie Russland die Zugehörigkeit zu Europa ab: Die jahrhundertelange Isolation von der Außenwelt hätten das Volk deformiert und ihm einen Hang zum Unterdrücken und Unterdrücktwerden eingeimpft. »Ich spürte, wie mein Hirn, meine Haut, meine Knochen, meine Seele allmählich betongrau wurden, moskaugrau.« Ein Spanier hätte keine Stunde eines solchen Lebens ertragen; die Ostdeutschen hatten rebelliert, die Tschechen hatten rebelliert, was stimmte nicht mit den Russen? Im zerbombten, halb ausgebrannten Warschau war sie auf der Stelle von Freunden umgeben gewesen: Die Polen waren Europäer, sie scherzten und lachten, luden sie zu sich nach Hause ein und zogen mit ihr durch die Bars. Nichts dergleichen in Russland. Der einzige Mensch, mit dem sie von sich sprechen konnte, war eine eher unsympathische Zufallsbekanntschaft, der Sohn eines Parteifunktionärs. Und selbst er wollte eigentlich nicht über sie reden, sondern über Hemingway: Warum der Schriftsteller nie in die Sowjetunion gekommen sei, wo man ihn so sehr liebe? Gellhorn lässt ihn großartig auflaufen: Ihr hattet euren eigenen Hemingway, sagt sie, Babel hieß er. Ihr habt ihn umgebracht.

In dieser Frage ist Gellhorn absolut einig mit N. M.s Umfeld – inhaltlich wie ästhetisch. Wo die unsichtbare Hierarchie des *Erlebten* im Spiel ist, verhält sie sich ausgesprochen respektvoll und vorsichtig; ihr ist klar, dass ihre eigene Erfahrung weder vergleichbar noch kompatibel ist mit dem, was die anderen, die Brot und angebrannte Auberginen mit ihr teilen, durchgemacht haben. Anders sieht es auf dem Gebiet der Ideen und Meinungen aus, hier reagiert sie gern gereizt und unnachsichtig. Man möchte meinen, die notorisch streitlustige Gellhorn hätte Gefallen daran finden müssen, mit welcher Nonchalance *Mrs M.* ihr brieflich erklärte, in der englischsprachigen Literatur der letzten hundert Jahre sei außer Joyce und Faulkner nichts Nennenswertes passiert, oder verkündete, Solshenizyn sei ein miserabler Stilist und ein

Irrer obendrein. Aber nein, etwas kam nicht zustande. Die heldenhafte, verfolgte Frau und Autorin eines phänomenalen Buchs benahm sich wie ein großes Kind in einem unförmigen, verwaschenen Kittel, sie rauchte eine nach der anderen, hustete heiser und lachte schallend über unverständliche Dinge (urkomische Geschichte über Chrustschow, gleich übersetzt es dir jemand), schimpfte über alle Schriftsteller außer ihrem Mandelstam – und wie sich herausstellte, hatte sie schon einen ganzen Schrank voll jener holländischen Tabletten, die Martha so mühsam für sie beschafft hatte. Beim ersten Treffen, das mitgebrachte *Arpège* in den Händen, sagte N. M. leise, sie habe noch nie ein Parfüm besessen, und Martha freute sich, bis sie im Nebenzimmer einen großen Flakon Chanel No. 5 entdeckte. Ein persönliches Gespräch ergab sich nicht, zu zweit waren sie kein einziges Mal.

Der Tiefpunkt war erreicht, als die Rede am Tisch auf den Krieg in Vietnam kam. Meinungsverschiedenheiten von der Art, wie Gellhorn sie schildert, gab es in den 1970er- und 1980er-Jahren häufig, das Motiv zieht sich durch zahlreiche Memoiren. Es markiert eine immergleiche Kluft, ein plötzlich einsetzendes zugiges Unbehagen: Die sowjetischen Dissidenten und ihre ausländischen Freunde, eben noch in allem ein Herz und eine Seele, blickten von verschiedenen Seiten auf ein unlösbares Problem: Kann es sein, dass mein wunderbarer, kluger Gesprächspartner tatsächlich so denkt, wie er denkt? Plötzlich entpuppte das gegenseitige Verständnis sich als Illusion; neben Bereichen glasklarer Eindeutigkeit tauchten andere auf, wo die Perspektiven verschoben, die Proportionen verzerrt waren. Dinge, die sich eigentlich von selbst verstanden, mussten auf einmal erklärt und verteidigt werden, und irgendwie gelang es nie, den anderen vom eigenen Standpunkt zu überzeugen – zu verschieden waren die Assoziationen und Implikationen auf beiden Seiten. Auch bei N. M. im Juli 1972 wurde so gestritten, und in diesem Fall gilt mein Mitgefühl ausnahmsweise Martha.

Sie hatte ohnehin einen schweren Stand: Wie üblich sprachen alle gleichzeitig und ohne ersichtlichen Zusammenhang (Tschechow hat sich das nicht ausgedacht, verkündet sie an einer Stelle begeistert, die Russen reden grundsätzlich immer so!); diesmal ging es um internationale Politik, von der sie offensichtlich nichts verstanden – wo hätten sie sich denn auch über die Außenwelt informieren sollen, doch wohl nicht in der *Prawda*? Trotzdem verteidigten sie unisono Nixon, und Martha explodierte, »wie ein Vulkan«. Sie sagte ihnen, was sie dachte – vom Napalm, von den Bomben und dass dieser Krieg die größte Schande der amerikanischen Geschichte sei, vor allem aber von einem Verdacht, den sie schon länger hegte: dass ihre Gesprächspartner kein bisschen besser seien als ihre Regierung, für die der Zweck die Mittel heilige, und dass das einzige Leid, das sie sich vorstellen könnten, ihr eigenes sei.

Niemand widersprach, außer N. M.: »›Wenn Nordvietnam gewinnt, werden sie drei Millionen Menschen erschießen.‹

›Warum? Wie kommen Sie darauf?‹

›Weil sie hier auch drei Millionen erschossen haben.‹«

5

Das Bild von Nadeschda Mandelstam, die das aus dem Ausland mitgebrachte Fläschchen *Arpège* in der Hand hält und in beseeltem Ton sagt, sie hätte noch nie ein Parfüm besessen, erinnert mich an eine weitere Geschichte – auch sie aus den Erinnerungen einer Amerikanerin, die als Studentin einmal zufällig in eine Gesellschaft bei N. M. geraten war und von da an ein Jahr lang regelmäßig aus ihrem Wohnheim in die kleine Wohnung in Nowye Tscherjomuschki kam, zum Teetrinken, Reden und noch mehr Reden. Einmal wollte sie – ihr Name war Peggy – ihrer Gastgeberin ein Geschenk machen, das diese entgegen ihrer Gewohnheit nicht weiterverschenken konnte. Sie kochte ein echtes amerikanisches Essen: Irgendwo hatte sie Langkornreis aufgetrieben und richtiges Hackfleisch für Hamburger, mit dem Flugzeug aus Finnland importiert. N. M. schloss die Augen, nahm den ersten Bissen und kaute lange und langsam. »Am Ende sagte sie: ›So ein Fleisch habe ich das letzte Mal vor der Revolution gegessen.‹ Wir saßen beide schweigend da und aßen unser ›vorrevolutionäres Dinner‹.«

Gut möglich, dass N. M. auch hier die Unwahrheit sagte – die unvollständige Wahrheit eines Menschen, der wenig Möglichkeiten hat, sich für ein Geschenk zu revanchieren. Denn genau das war diese Unwahrheit: ein Gegengeschenk, für Kenner.

Martha Gellhorn flog zurück nach Hause, nach London, wo die Busschaffnerinnen die Fahrgäste liebevoll »Hase« und »Schätzchen« nannten. Eine hochgewachsene blonde Frau in Jeans und Halsketten, nur neun Jahre jünger als die Freundin, die N. M. ihr hätte werden können. Im Grunde waren sie beide Soldaten (Soldatinnen) derselben großen Armee, ungemein ähnlich in ihren Launen, ihren felsenfesten Überzeugungen und ihrer Gewissheit, im Recht zu sein. Einige Jahre später schrieb Martha die Geschichte dieser fürchterlichen Reise auf: ein Porträt einer großen Frau, die ihren Lebensabend in einer vollgerümpelten kleinen Wohnung verbrachte, umgeben von Menschen, die von der Last des gemeinsamen Schicksals erdrückt wurden und sich für nichts außer sich selbst interessierten. N. M. hat nie von dem Text erfahren – aber es freute sie, dass Hemingways Frau ihr einen Besuch abgestattet hatte.

Unter einem fremden Blick werden auch vertraute Dinge fremd – unproportional, starr, nicht wiederzuerkennen. Man schaut auf sie wie zum ersten Mal, verlegen und scheu. Dann sieht man genauer hin und erkennt: Alles, worauf es ankommt, ist immer noch da. Und auch das, worauf es nicht ankommt, ist im Blickfeld, aber aus irgendeinem Grund stört es gar nicht.

»Ich wusste vom ersten Tag an, was das Beste an Mrs M. war, für meinen Geschmack jedenfalls: ihre Augen. Hellblaue, müde, traurige Augen, die immer noch unschuldig blicken konnten. Die rührende Unschuld oder Verletzlichkeit kam und ging; allein zu wissen, dass sie möglich war, genügte. Und dann ihr Lachen. Sie amüsierte sich. Trotz allem – trotz der Vergangenheit und der Gegenwart und der immer zweifelhaften Zukunft – war sie bereit, das Leben zu genießen. Sie feierte gern, es machte ihr Spaß, von Freunden umgeben zu sein in dieser hässlichen, heißen Bruchbude. Man hatte ihr das Lachen nicht ausgetrieben. Das war ihr größter Triumph, ihr höchstpersönlicher Sieg.«

Maria Stepanova, 1972 in Moskau geboren, ist die international erfolgreichste russische Dichterin der Gegenwart. Für ihr umfangreiches lyrisches und essayistisches Werk wurde sie vielfach ausgezeichnet. Ihr Prosadebüt *Nach dem Gedächtnis* wurde in zahlreiche Sprachen übersetzt. Zuletzt erschien *Winterpoem 20/21* (Suhrkamp). 2023 erhielt sie den Leipziger Buchpreis zur Europäischen Verständigung.

Olga Radetzkaja, 1965 in Amberg geboren, hat u.a. Werke von Julius Margolin, Viktor Schklowskij, Polina Barskova und Boris Poplavskij übersetzt. Für ihre Arbeit wurde sie vielfach ausgezeichnet, zuletzt mit dem Brücke Berlin Preis 2020 (gemeinsam mit Maria Stepanova).

»Ich will nicht wieder zehn Jahre an einem Buch schreiben«
Maaza Mengiste

Es gibt, glaubt man Zadie Smith, schriftstellerische Makro-
und Mikroarchitekt_innen, diejenigen also, die vom Großen ins
Kleine wandern, die Häuser sehen, Landschaften, Städte,
und wenn all das beschrieben ist, folgen die Details, folgen Ker-
zen in den Fenstern hinter sich bewegenden Gardinen. Und
andererseits gibt es in der Smith'schen Taxonomie die Mikro-
denker_innen: diejenigen, die die Farbe des Lesezeichens kennen
zwischen den Seiten des Buchs, das auf dem Tisch liegt, in
dem Raum eines Hauses, das es erst zu erschreiben gilt.
Maaza Mengiste aber ist weder noch. Das Einzige, was sie hat,
bevor ein Roman entsteht, ist eine Frage an die Vergangenheit. Eine, die sich abschleift im Schreiben, möglicherweise ganz
verschwunden ist, wenn das Buch erscheint. Und dann hat sie
noch dieses Notizbuch, über das sie während unseres Gesprächs
immer wieder streicht, das sie selten aus der Hand legt. Ein
ledernes ist es, aber wichtig sei ihr vor allem die Qualität des
Papiers für den richtigen Füllerschwung. Maaza Mengiste
beschreibt ihr Notizbuch in zwei Richtungen, die eine ist die
lineare Geschichte. Für Notizen zur Recherche dreht sie das
Heft. Beides hängt zusammen, die Fakten und die Fiktion sollen
beieinanderbleiben, aber nicht ineinander übergehen. Schon
bei ihrem ersten Roman arbeitete sie so: In *Unter den Augen des
Löwen* schreibt sie über die Folgen der äthiopischen Revolution im Jahr 1974, während ihr zweiter Roman *Schattenkönig*
den italienischen Eroberungszug unter Mussolini im Jahr 1935
im heutigen Äthiopien verhandelt. Für die Recherche ging Maaza
Mengiste eine Weile aus New York nach Addis Abeba zurück,
wo sie 1971 geboren wurde.

D   Maaza, du bist fasziniert von der jüngeren Geschichte, sie lässt
          dich nicht los. Deine Romane *Unter den Augen des Löwen* und
Schattenkönig sind Reisen in die Vergangenheit. Einmal ins Äthiopien
der 1970er-Jahre, einmal noch weiter zurück, in die 30er-Jahre, als Mussolini auszog, Abessinien zu erobern. Ist Literatur für dich auch ein
Werkzeug, um größere, gar ethische Fragen zu verstehen?

M   Literatur gibt niemals einfache Antworten. Die besten Bücher
          lassen uns an einem Punkt zurück, an dem wir immer noch her-
ausgefordert werden. Das verursacht vielleicht Unwohlsein, eröffnet
aber neue Möglichkeiten des Nachdenkens. Die Arbeit an meinen
Büchern beginnt immer mit einer Frage, und die stammt natürlich aus
meiner jetzigen Situation, deswegen ist Schreiben auch Interpretation.
Die Zeit hat uns das Privileg gegeben, zurückzublicken und zu verstehen, was danach passiert ist. Aber ich weiß vorher nicht, wie die Antwort lautet, ich weiß nie, wohin die Geschichte mich trägt. Meine
Position ist die einer Forscherin, einer Fragenden. Aber von einer Frage
komme ich meistens zu einer nächsten, es wird immer komplizierter.
Und deswegen ruft es dann nach einem weiteren Buch und noch einem
weiteren.

D   Was war deine allererste Frage, sozusagen die Urfrage?

M   In *Unter den Augen des Löw*en wollte ich versuchen zu verstehen,
          wie gut Menschen sind. Anständige Menschen haben schreck-
liche Dinge getan, und ich wollte über all die moralischen Fragen in
einer Zeit des völligen Umbruchs in Äthiopien nachdenken. Beim *Schattenkönig* war einer der initialen Gedanken: Ist es in diesen Momenten
des Umbruchs, in denen wir Dinge tun, die nicht richtig sind und auf
die wir nicht stolz sind, möglich, einige von ihnen zu vergessen? Was
machen wir mit der Erinnerung?

D   Du bist gerade in Berlin und recherchierst an deinem nächsten
          Buchprojekt. Wieder geht es um Erinnerung?

M   Der nächste Roman ist im Deutschland der 20er- und 30er-Jahre
          angesiedelt. Ich betrachte Berlin mit den Augen von Künstler_
innen, Kreativen, die zu dieser Zeit hier lebten. Ich versuche, ein Gefühl
dafür zu bekommen, wie Berlin war, bevor die Dinge wirklich beängstigend wurden.

D   Es heißt über dich, du würdest zeitweise nahezu in den Archiven wohnen.

M   Ich versuche dieses Mal, nicht so viel zu recherchieren. Ich will nicht wieder zehn Jahre an einem Buch schreiben. Auch wenn es sich gelohnt hat. Alle Autor_innen denken immer: *Oh, beim nächsten Buch weiß ich es besser. Ich weiß jetzt, wie man es macht.* Aber das stimmt leider nie. Das lerne ich gerade.

D   Wie sieht die Recherche praktisch aus?

M   Ich lese viel, und ich gehe in Bibliotheken. Aber vor allem laufe ich durch die Straßen, schaue mir alte Stadtkarten an. Man kann bestimmte Momente erkennen, wann Berlin sich verwandelt, und an anderen Orten hat man das Gefühl, im Berlin des Jahres 1925 zu sein, weil die Straße sich kaum verändert hat.

D   Und wie wird daraus eine gute Geschichte?

M   Sagen wir, ich habe ein Foto. Ich schaue es an, dann schaue ich über es hinaus. Beim *Schattenkönig* wusste ich aus historischen Quellen, dass an einem bestimmten Tag eine Schlacht stattgefunden hatte. Aber ich wollte nicht wissen, was genau in dieser Schlacht geschehen war. Mich interessierte: Was taten die Menschen währenddessen, sozusagen nebenbei? War der Tag der Schlacht zum Beispiel auch ein ganz normaler Markttag? Wie gingen die Menschen miteinander um, was kauften sie ein? Ich reiste also nach Italien und sah mir landwirtschaftliche Archive an. Zuerst hatte ich nicht das Gefühl, auf dem richtigen Weg zu sein. Ich war aber trotzdem neugierig, was in Italien über die Landwirtschaft in Äthiopien dokumentiert wurde, und fand eine Liste mit den Preisen für Gemüse und andere Dinge auf dem Markt. Darunter ein Zettel, von einem Italiener, auf dem steht: *Letzte Woche war es die Hälfte des Preises. Jetzt zahlen wir doppelt so viel. Und es ist mehr Wasser drin.* Was am Ende die Geschichte ausmacht, ist nicht nur die Schlacht, sondern auch diese kleinen Details. Subversionen, subtile Formen des Widerstands. Es sind eben auch diese randständigen Details, die einen Krieg ausmachen.

D   Vom Detail zur Geschichte?

M   Ja, das ist meine Art zu schreiben. Was finde ich auf dem Weg? Plötzlich, wenn man auf dem richtigen Weg ist, beginnen die

Dinge, ihre Wahlverwandtschaften herzustellen. Zu einem bestimmten Moment ergibt plötzlich alles Sinn in der Welt, die ich erschaffe. Es sind diese kleinen Entdeckungen, die mir helfen, mich ein wenig besser zu fühlen, die mich atemlos zurücklassen. Daneben gibt es viele Tage der Entmutigung.

D   Und dann, legst du alles weg?

M   Wenn man mit einem Buch fertig ist, vergisst man oft, wie viele Entwürfe es vorher gab.

D   Stapel von ausgedruckten verworfenen Manuskriptseiten?

M   Ich schreibe mit der Hand. Ich habe immer ein Notizbuch dabei. Manchmal ist es eine Figur, die mir zuerst einfällt, und ich versuche, sie zu entwickeln. Und dann, nachdem ich mit der Hand geschrieben habe, setze ich mich an den Computer und schaue, ob ich eine Szene schreiben kann, und arbeite an dieser weiter.

D   Schreibst du mit der Hand, um die Geschwindigkeit herunterzuschrauben?

M   Ja, tippen ist schnell. Aber wenn man mit der Hand schreibt, kann ich, wenn ich einen Fehler mache oder mir ein Absatz nicht mehr gefällt, die Stelle durchstreichen. Aber dieser Prozess der Tilgung bleibt stehen, das Gestrichene verschwindet nicht. Ich kann jederzeit zurückkehren und es mir ansehen.

D   Was sind deine eigentlichen Lieblingsbücher?

M   Das könnt ihr mich nicht ernsthaft fragen.

D   Nicht? Dann so: Welche Bücher begeistern dich?

M   Ich halte Toni Morrisons *Solomons Lied* ziemlich sicher für eines der besten Bücher, die je geschrieben wurden. Aber über James Baldwin habe ich auch schon mit jeder Person, die ich kenne, ausführlich gesprochen. Ich liebe *Gehe hin und verkünde es vom Berge* und *Giovannis Zimmer*. Auch die *Enzyklopädie der Toten* von Danilo Kiš und und und …

D   Warum nennst du gerade die drei?

M   In der Lektüre von Toni Morrison habe ich verstanden, was Literatur bewirkt. Dass sie überrascht, schockiert, bewegt. Und als ich sie las, glaubte ich keine Sekunde daran, Schriftstellerin werden zu können. Ich kannte überhaupt niemanden, der schrieb. Selbst hatte ich noch nie kreativ geschrieben, nicht einmal im College. Es gehörte schlichtweg nicht zu meiner Welt. Ich las also diese Bücher, las Baldwin und Morrison und liebte sie und verstand, was man mit Büchern machen kann, aber nicht, *wie* man es macht.

D   Du hast lange etwas anderes gearbeitet.

M   Ich war im Management tätig, im Bereich Consulting, und habe es gehasst. In dieser Zeit war ich vor allem damit beschäftigt, nicht aus Langeweile den Verstand zu verlieren. Dann habe ich eine Weile in der Werbung gearbeitet und dort gelernt, wie man eine Erzählung aufbaut. Dann habe ich mich an der NYU beworben.

D   Das kreative Schreibprogramm der New York University gilt als eins der kompetitivsten und besten seiner Art.

M   Als ich mich dort ins Masterprogramm eingeschrieben hatte, war ich mit 33 Jahren die Älteste und nicht in der Welt der Literatur verankert wie meine Kommiliton_innen, ich fühlte mich unwohl, hatte das Gefühl, nicht hineinzupassen. Alle waren in ihren Zwanzigern, hatten Privatschulen besucht und Kreatives Schreiben im Hauptfach studiert. Sie sprachen über Nabokov und all diese Autoren. Ich musste mich entscheiden, ob ich das alles nachholen wollte, oder aber, ob ich doch nur das lesen sollte, was ich wirklich lesen wollte. Und genau das habe ich dann getan.

D   Du hast dich dem Kanon der Kommiliton_innen entzogen?

M   Es ist heute noch so, dass ich lese, was mir gefällt, woran ich interessiert bin. Es fällt mir sehr schwer, etwas zu lesen, weil ich glaube, es gelesen haben zu müssen. Sobald ich ein Buch in die Hand nehme, weil es als besonders intellektuell gilt und alle, die es lesen, ebenso, geht es meistens nicht gut aus. Ich mag es, Bücher zu entdecken, auch von Schriftsteller_innen, von denen noch niemand etwas gehört hat. Die Konversation findet mit dem Buch statt, nicht mit den Leuten. Ein Buch ist eine private Freude, ein Privatvergnügen.

Während ich weiter auf meine Deadline hinarbeite,

habe ich begonnen, auf einer Seite meines Schreibtischs Blumen

und auf der anderen eine antike Sanduhr aufzustellen.

Zwei verschiedene Arten, die Zeit zu zählen,

und beide sind schöner und interessanter als ein Kalender

oder ein Telefonalarm.

D   Manchen ist der literarische Kanon nahezu heilig. Ein heiliges
          Gebäude, das betreten werden darf, in dem man sich umschaut,
aber alles genau so lässt, wie es ist. Ein Tempel.

M   Kennt ihr E. L. Doctorows Buch *Ragtime*? Es spielt im Amerika
          der 20er-Jahre, kurz vor der Großen Depression, und es geht um
New York City und die Elite der Stadt. Eine der Figuren ist ein afroa-
merikanischer Mann namens Coalhouse Walker Junior. Er ist Jazzmu-
siker und hat ein neues Auto, einen Ford. Die Polizei sieht ihn eines
Tages, sieht in ihm einen schwarzen Mann mit einem nagelneuen Auto
und geht davon aus, dass er den Wagen gestohlen haben muss. Die
Polizei hält ihn an. Und das Buch handelt von all dem Ärger, der pas-
siert, weil dieser Mann sein Auto nicht hergeben will. Wen erinnert
das nicht an Heinrich von Kleists *Michael Kohlhaas*? Und es muss einen
ziemlich guten Grund dafür gegeben haben, dass E. L. Doctorow diese
Stelle las und beschloss, Michael Kohlhaas durch Coalhouse Walker
Jr. zu ersetzen– durch einen schwarzen Mann mit einem Auto mit viel
Pferdestärke. Was ich damit sagen will, es gibt so viele Möglichkeiten,
Dinge aus dem Kanon zu nehmen und sich zu eigen zu machen.

D   In diesem Verständnis klingt der Kanon dann nicht mehr wie
          ein Heiligtum. Kein Tempel.

M   Nein, das Erste, was ich mit dem Begriff assoziiere, ist eher der
          Körper. Der Körper als Tempel, als Hülle, als Gefäß. Ein Con-
tainer. Ich denke an die Art und Weise, wie wir nicht reduzibel auf
unsere Körper sind. Wir sind Gedanken, sind Emotionen, sind Erfah-
rungen. Trotzdem tragen wir unseren Körper von Monat zu Monat und
Jahr zu Jahr. Je mehr Zeit ich damit verbringe, über Dinge nachzuden-
ken, zu schreiben und zu lesen, desto mehr wird mir klar, wie weit ich
mich manchmal von diesem physischen Körper entferne.

D   Das Leib-Seele-Problem, wie verhält sich das Bewusstsein zum
          Körper.

M   Auf eine Art. In jedem Buch habe ich bisher auch über dieses
          Paradoxon geschrieben zwischen dem, was der Körper aushal-
ten kann, und dem, womit Menschen innerlich umgehen müssen, und
der Art, wie der Körper Narben davonträgt. Viele physische Wunden
heilen, manchmal tut es der Geist aber nicht. Und für mich ist das der
Bereich, in dem die schriftstellerische Arbeit beginnt. Das ist der Raum,
in dem wir arbeiten.

D   Der Körper ist ein Tempel. So weit. Aber der Geist?

M   Der Tempel ist ein Gebäude, das etwas Geistiges in sich tragen
          soll. Ich weiß nicht mehr, ob es genauso in der Bibel steht oder
nicht, aber der Körper wurde oft mit einem Tempel verglichen. Man
muss sich um ihn kümmern. Der Körper ist der Ort, an dem Gott wohnt.
Daran denke ich oft. Aber es geht nicht nur um Gott, sondern um das
Leben. Einmal habe ich an einem Essay über Lazarus gearbeitet, und
als ich das Neue Testament las, stieß ich auf den Moment, als Jesus
im Tempel seine Beherrschung verlor und, wenn ich es recht erinnere,
anfing, Tische umzuwerfen, weil die Pharisäer oder irgendjemand dort
etwas getan hatte, was man nicht tun sollte. Wenn ich Tempel höre,
denke ich auch an die Art und Weise, wie der Boden heilig ist, und das
erinnert mich an die alten Kirchen in Äthiopien. Wenn man eine dieser unterirdischen Kirchen besucht, diese Kirchen, die in den Fels
gehauen wurden, darf man keine Schuhe tragen, weil es heiliger Boden
ist. Man muss sich in diesen Raum hineinbegeben und die Heiligkeit
des Ortes verstehen. Das ist ein wunderschönes Ritual, eines, von dem
wir sonst kaum mehr welche haben.

D   Du lebst in New York. Wo findest du dort heilige Ersatzorte?

M   Als Trump gewählt wurde, ging ich ins Metropolitan Museum
          of Art, direkt am nächsten Tag. Ich hatte das Gefühl, dass das
Einzige, was zu mir sprechen konnte, die Kunst war. Wenn wir Spiri-
tualität als ein menschliche Bedürfnis verstehen, sich mit etwas Grö-
ßerem als dem gegenwärtigen Moment und sich selbst zu verbinden,
dann funktioniert das auch in der Kunst so. Eine Erfahrung, die über
den gegenwärtigen Moment hinausgeht. Das Metropolitan Museum
of Art ist ein Ort für mich, der so etwas ermöglicht, und ich habe mich
gefragt, was passieren würde, wenn es zerstört oder etwa ein von mir
geliebtes Gemälde mit Flüssigkeiten beworfen werden würde.

D   Du spielst auf die Klimaproteste an. Proteste zwingen uns, einer-
          seits hinzuschauen, aber andererseits schreiben sie sich auch
in die Geschichte für eine zukünftige Generation ein, die darauf zurück-
greifen kann.

M   Diese jungen Erwachsenen weigern sich zu schweigen, das ist
          gut, aber gleichzeitig bin ich froh, dass es ein schützendes Glas
vor den Werken gibt. Aber grundsätzlich schaffen Proteste ein Ver-
mächtnis des Widerstands, die Erinnerung an eine kollektive Aktion.

D   Zum Abschluss, hast du einen Lieblingsschreibort?

M   Ich schreibe am Schreibtisch, und der kann überall sein. Aber
          ich denke, einer der besten Orte, an denen ich schreibe, ist meine
Wohnung in New York. Ich schreibe dort gut. Mein Tisch steht direkt
vor dem Fenster. Aber ich habe auch schon in Italien im Haus eines
Freundes wunderbar geschrieben, weil es dort ruhig war.

D   Hörst du beim Schreiben Musik?

M   Das kommt darauf an. Als ich die Kampfszenen im *Schattenkönig*
          schrieb, brauchte ich schnelle Musik. Und für die stilleren Sze-
nen wieder andere. Es geht um den Rhythmus, und deshalb habe ich
eine Reihe von Playlists erstellt, je nachdem, was ich gerade schreibe.

Vier Gedichte

Eileen Myles

Ohne

versuch
was ich
meine
deine
schönheit

ist eine
die
keine
foto
grafie
festhält

du reichst
mir
eine schale
chili
durch
den tür
rahmen
und du

trägst
einen spek
takulären
mantel

er ist
wind
schnittig
wind
hund
grau

das chili
üppig
orange
mit
blass
gelbem
muffin

darauf
& ich weiß
jetzt wirds scharf

warte
ich muss
das eben
fotografieren

wegen dem
mantel
lachtest du

aber ich meine
deine
brauen
deine ab
sicht

der tag
unsere
vierzehn tage
trennung
fast vorbei

als er
uns traf
der un
glaubliche

fluch
das virus
unser virus

du hattest
es zuerst
ist klar

& hast mir
abendbrot
gebracht
mir

wo
ich dich
so
liebe

festhalt
versuch
für die
wilde
ver
legene
anmut
die du
nun
bist

unfesthaltbar

beinah
maskulin

in der
heftigkeit

deines

unvermögens

ich machte

ein

bild

zwei

deine
augen sind
zu

das andere

nimmt sich
beinah zurück

windet sich

gar nicht wie

das ding

da eben

zu beginn

du so
reich
an

großzügigkeit
& witz

und blitzartig
lebens-echt

und später

gelächter
das ist
längst kalt

& jeden
abend
deine bittere

klage
immer kriegst du
dein essen
zuerst &

du lachst

als würdest du
einen gipfel
hinab
stürmen
flammend

die strahlende
blüte

bist du

wirst
weder
halten noch
erkalten

Ohne Titel

die farbe
hat eine art
pfad
den vögeln
gefällt der
BAUM
wir redeten
& da
war diese neue
stimme die
stärker
hervortrat
vogelsang
im fallen so
mag ich mein
sprechen
wortes
zunge
offen
auf dem
stamm

gestern nacht:

haufen von gen
italien sind
so fingrig
rosig grün
körper sind so
komisch das sto
ßen das reiben
die hügel
haar polsternd
der schub
rosa männer
wir als hand
kommen auf braunem
samt. als
würde man
m. vielen Leuten

pornos gucken in
grünem rauch &
blitzlicht und
von rosa schwanz
umschlungen. hitze
wellen im
panhandle
das muss es
sein wring
es aus komm
auf deine brust
ein paar ringe
eine dusche
aus licht. ich möch
te nach hause
& popcorn essen
dir einen gutenacht
KUSS geben
im profil in
[hörner] rosa
gehüllt
wie ein horror
film des weiß
seins meine schönheit
schlaf hier m.
schaukellicht
landet auf
riesen mini
schlängel schwanz
mondgleißen
hey wtf was
geht. streck
hab ich mir
den scheiß
ausgedacht. wie geht das
so viel mühe &
so wenig
muskeln. man
hatte keine
muskeln
damals.

meine beine sind
dürr. die spiegel
meine jeans. Rauch
schwanz wegge
steckt. die
ganzen typen
bildverrückt [die langen, die zungen]
mein hemd
reingesteckt
wo sind meine
schuhe
jedes ding
ist es wert
faltige zweige
ein strauch
kauern
an der kante
einer braunen
klippe &
die drossel
da hinten ein
lied noch
immer im fallen.

Aquarium

ich liebe meine wohnung
tief wie sie
ist sonst kein raum
bin ich
nicht mehr wird
sie hier sein und summen.
ich liebte
sie wird wogen
als kamm
durch den tang
ihre zweige ziehen
die sprache
der zeit
wird sie weinen
& die schlimmsten
& dümmsten
wörter meinen.
abschied von
den freund_innen
ja das war's
so ist
das. sollen
reifen
mir über kinn
& kiefer rollen
denn ich bin
ja schon tot
und mir egal.
meine wohnung wird sagen
ich liebte
dich sehr
ich kämpfte nicht
mal
der tod
kam nachts
ganz schlicht.
ich weiß noch
mein vater
schrieb mir

zum geburts
tag
dein papa
clown
was für ein trauriger
mann hab
ich gedacht & ich
war nur
ein kind.
was für ein
trauriger mann
ich bin.

Inschrift

meine absicht
war zur ge
schichte
hiervon
beizu
tragen
soll heißen der
gegenwart. immer
wenn ein vogel
grrt
hab ichs.
immer wenn
ein telefon
licht & dunkel
trennt
hab ichs
hier. was
wäre wenn
nach dem aufwachen
die zelotin
die kam
& einen einfall
hatte an deiner statt
bei dir wohnte
auf deinem sofa
hockte
sachberichte
über deine
tätigkeiten
schriebe
ihr
essen
in deinem kühlschrank
& davor wurde
sich hingekniet es war
keine anbetung
sondern ein kopieren
seiner. ich wusste
ja gar nicht

dass du
mein Hund warst &
voller freude
rubbelte ich
morgens
deinen körper.
Später hast du
auf einer matte
gesessen
während ich
schrieb. ein weißer
vogel wirft
seinen schatten
in den
morgen
auf dem weg
ins dunkel
des gartens.
könnte sie
beides
sein.

Eileen Myles (*1949) ist Lyriker_in, Schriftsteller_in und Kunstkritiker_in.
Zuletzt erschien der Lyrikband *A Working Life*. Ins Deutsche übertragen
wurden bisher der Roman *Chelsea Girls* (übersetzt von Dieter Fuchs)
und der Essay *Zur Zeit* (übersetzt von Milena Adams). Beide Bücher sind
bei Matthes & Seitz Berlin erschienen. Myles lebt in New York und
Marfa, Texas.

Milena Adam, 1991 in Hamburg geboren, übersetzt aus dem Französischen und Englischen, u.a. Sandra Newman, Alain Damasio, Shubhangi
Swarup.

»The mountains so vast«: Eine lesbische Wallfahrt

Evan Tepest

Tag 1, Berlin–Ferrara

Dear Eileen,

ich bin auf dem Weg von München nach Padua. Im Zug riecht es nach Seife, die Eva oder Sophia heißt. Die Person neben mir trinkt aus einer Gösser-Bierdose und wirft einen Blick auf den Aufkleber auf meinem Handy. »I love cruising for nonbinary sex.« Sie schaut mehr perplex als ablehnend.

Dies ist das dritte Mal, dass ich dir einen Brief schreibe. Ich habe noch keinen einzigen davon abgeschickt. Jedes Mal, wenn ich es tue, durchlebe ich eine Krise des Herzens und der Sprache. Dieses Mal habe ich eine Deadline, und meine Freundin hat mich verlassen. Ich brauchte eine Auszeit, und Italien schien mir dafür geeignet. Ich kann mit dem Zug durch das Land reisen, im März blühende Zitronenbäume sehen, und nichts ist besser für ein gebrochenes Herz als Rom – zumindest hat mir das ein Freund erzählt.

Aus Mangel an Ideen habe ich beschlossen, mich auf eine lesbische Pilgerreise zu begeben. Ich bin nicht nur lesbisch, sondern habe auch eine Schwäche für den Katholizismus.

Ich weiß nicht, ob du schon mal in Italien warst, aber das ist nebensächlich. Du, Eileen, bist die*der Schutzheilige*r dieses Trips, Sankt Myles der Lesben in Wanderstiefeln. Und wie mit allen Göttern und Gesandten frage ich mich, ob ich nach deinem Ebenbild geschaffen wurde.

Vor einer Weile habe ich begonnen, Gemeinsamkeiten zwischen uns zu sammeln:[1]

— Unser Großvater war ein Alkoholiker und unsere Großmutter schizophren.
— Unsere Schwester ist lesbisch.

---

[1] »When I am unable to sleep, I lie quietly and make a list of differences between me and Kafka.« Carson, Anne. *Plainwater*. New York, 2000, 218.

— Wir haben mehr oder weniger zufällig alles von Proust gelesen.[2]
— Wir trinken beide keinen Alkohol mehr.
— Deine Einzimmerwohnung ist exakt so groß wie meine.
— Wir haben beide nie eine längere Beziehung gehabt.

Was Letzteres anbelangt, bin ich mir etwas unsicher. In *For Now*
schreibst du, dass niemand die Archivar*innen deines Vorlasses in Yale
danach befragen wird, wer deine Lovers waren. Ich habe schon häufiger
»Eileen Myles girlfriend« gegoogelt. Bernadette Mayer, Alice Notley –
ich weiß, dass große Autorinnen unter deinen Geliebten waren. Doch
wer sind die Filmemacherin, die nicht genug Geld für Super-8-Filme
hatte, die Frau, wegen der du in den 1990ern weinend durch Russland
fuhrst, wer ist Erin, die du angewiesen hast, die Welt zu kopieren? Ich
frage mich, ob du auch ein trockener *serial monogamist* bist.

Ich habe meine Teenagerjahre und die gute erste Hälfte meiner
Zwanziger entweder betrunken oder verkatert verbracht, während ich
in heterosexuelle Frauen verliebt war. Irgendwann konnte ich nicht
mehr so weitermachen. Ich hätte mich in Stücke aufgelöst. Seitdem
verbringe ich meine Zeit mit Arbeit und monogamen Zweierbeziehun-
gen. Vielleicht sollte ich eine Selbsthilfegruppe für Love Addicts besuchen, oder eine für Workaholics.

In einem Interview beschreibst du deinen Alkohol- und Drogenkon-
sum als eine *revelation* und das Aufhören, das Clean-Werden, als eine
weitere *revelation*. Mir ist es bis heute nicht gelungen, den spirituel-
len Sinn meiner Abhängigkeiten zu finden. Aber ich habe das Gefühl,
dass die Entscheidung für meine Pilgerreise damit zusammenhängt.
Dass sie auch ein Experiment in Selbstaufgabe ist. Dass ich mich etwas
Anderem, Umfassenderem hingeben will als meinem kleinteiligen Wie-
derholungszwang. *Saint Myles, can you lead the way?*

Der Zug hält am Brenner. »*The mountains so vast*«, denke ich. Vor
einigen Wochen, als noch nicht Spätwinter und ich noch nicht in Norditalien war, habe ich über eine Reise geschrieben, die zwei Menschen
im Spätwinter durch Norditalien unternehmen. Einer von ihnen ist
schwul, ein anderer lesbisch. Sie sind Liebende, und sie wissen darum.
Was sie nicht wissen, ist, wie sie sich berühren sollen. »*The mountains so
vast*«, sagt sich der eine Mensch, immer wieder. Der Satz ist ein Man-
tra, ein Gebet, um seine Sehnsucht in Schach zu halten. Ich schwöre,
ich habe nicht bewusst daran gedacht, bis ich im Zug nach Ferrara saß.

---

2   »Accidentally I / read all the / works of Proust.« Myles, Eileen. »Peanut Butter«,
    in: *Not Me. Semiotext(e)*. New York, 1991, 70.

Gianni, gerade in den Schweizer Bergen angekommen, schickt mir ein Foto von sich mit einem Ski-Sweater:

»I can be your ski instructor, if you want me to.«

»If you a) have not yet grown a beard and b) are extremely horny, I don't care what kind of sports you'd be teaching me.«

Eileen, was denkst du, was *non-binary fucking* ist? Ich weiß es selbst nicht, aber in letzter Zeit habe ich es genossen, wenn jemand meine Brust berührt hat.

Ich habe mich kurz gefragt, ob es legitim ist, dich oder eine der heroischen Lesben, die vor mir da waren, als Muse zu benutzen. Der*-die Autor*in Rosie Stockton nutzt in deren Gedichtband *Permanent Volta* die alte italienische Form der Sestine, eine Gedichtform, die für ihre komplexe Wiederholungsstruktur bekannt ist. *»[T]he form is the top and the writer is the bottom«*, sagt dey in einem Interview.[3] *»The muse, meanwhile, is totally absented.«* Stockton möchte sich der formalen Strenge der Sestine unterwerfen und zugleich dem Verhältnis Schreibender–Muse, der diese Gedichtart kulturhistorisch prägte, den Garaus machen. Wie würde ein Musenstreik aussehen?, fragt dey.

Ich sympathisiere mit Stocktons Überlegungen. Ich sehne mich nach einem Schreiben ohne den Fetisch eines Adressaten, ohne das notgedrungene abwesende Liebesobjekt, das nicht sprechen kann. Doch die Sache ist, Eileen, dass ich dich brauche, um überhaupt diesen Text zu schreiben. Ich brauche das Honorar, um diese Reise zu bezahlen. Doch vor allem brauche ich die lesbischen Ikonen, die mir den Weg weisen.

Ich muss Schluss machen, aber ich schreibe morgen wieder, wenn auch an jemand anderen.

Love
Evan

---

3   Silt, Irene & Rosie Stockton. »A Conversation between Irene Silt and Rosie Stockton, Fall 2022«. *Spam Zine*, 2022. *https://www.spamzine.co.uk/post/interview-a-conversation-between-irene-silt-androsie-stockton-fall-2022.*

Tag 2, Ferrara

Dear Ali,

ich hoffe, dass es dir gut geht. Ich schreibe dir vom Anfang einer lesbischen Pilgerreise durch Italien. Mein erster Stopp ist Ferrara. Du kannst dir denken, warum.

Ich habe noch nie eine Pilgerreise gemacht. Wohin sollen Lesben auch pilgern? Wir hatten nie ein Land, lesbische Räume werden seit Jahrzehnten geschlossen, und es gibt nur wenige Orte, deren lesbische Geschichte im öffentlichen Bewusstsein verankert ist. Lesbos, wo Sappho ihre Leier spielte und auf der heute Tausende von Flüchtlingen inhaftiert sind? Die Holy Trinity Church im englischen York, in der die eingefleischte Konservative Anne Lister im 18. Jahrhundert Ann Walker heiratete? In einem Gespräch über deinen Roman *How to Be Both*, in dem der hier befindliche Palazzo Schifanoia eine prominente Rolle spielt, hast du alle Zuschauer*innen dazu gedrängt, hierherzupilgern. Ali, ich bin gekommen.

Auf dem Weg zum Palazzo laufe ich einen Umweg über die Stadtmauer und höre das Audiobook von *How to Be Both*. Ich möchte von dir erfüllt sein, ich sehe vom Stein über das Frühlingsgrün zum Po, *»although it is so stony it is somehow also bright green and red and yellow too; all the walls and buildings go red-golden in the sun«*,[4] höre ich deine Worte, und ich mache ein Selfie an der Porta d'Amore, das »Tor der Liebe«. Als ich in Richtung der Renaissancealtstadt abbiege, kreuzen drei queer aussehende Personen, die britisches Englisch sprechen, meinen Weg. Ich lasse sie gehen, dann drehe ich mich um und eile ihnen nach, bis ich sie an einer Bushaltestelle wiederfinde. Ich traue mich nicht, sie zu fragen, ob auch sie wegen dir hier sind.

Im Erdgeschoss des Palazzos steht ein Display
mit einer Kupferkarte von Ferrara,
darunter eine Plakette: »the art of etching«.

Ali, ich bin Edging an der Schwelle vom Winter zum Frühjahr
von einer Art von Liebe zu einer anderen.
Ich weiß nicht, ob ich ready bin.

Ali, ich habe mir so lange vorgestellt, hier zu
sein. Genauso oft habe ich mir vorgestellt,

---

4   Smith, Ali. *How to Be Both* (E-Book). London, 2014, 375.

dass der Palazzo geschlossen wäre.
Jetzt zögere ich vor dem Raum,
der mich hierhergebracht hat.
Ich stehe vor dem Salone dei Mesi,
darin die Fresken »so full of life
happening that it's actually like life«[5]
und mache Instagram-Stories,
als hinge mein Leben davon ab.

Ali, ich erspare dir die Beschreibung der Fresken
aus organischem Material, aus Knochen, Blut und Ei,
der Darstellungen von Jahreszeiten,
Tierkreiszeichen und Hunden (neun Stück an der Zahl).

Es war gut, hier zu sein,
aber ich bin kein*e Andere*r.
Stattdessen setze ich mich ins grüne Gras.
Einen Schritt weiter ist noch Winter, karge Bäume, Schatten.

Ali, ich bin sowohl Frühling als auch Winter.
Und ich bin sowohl übererregt als auch so, so müde.
Und ich bin sowohl männlich als auch weiblich (oder weder noch).
Und am wichtigsten: Ich bin in zwei Menschen verliebt.
Aber dazu später mehr.

Ich laufe in Richtung des Stadtzentrums, bis ich an einem weiten Platz ankomme, die Piazza Trento e Trieste. An Ständen werden Kaschmirpullis und Unterwäsche von Ghlain Klain dargeboten. Die Schule scheint aus zu sein. Die schnurrbärtigen Kellner*innen in den Straßencafés lassen mich an einen meiner Lovers denken und die Menschen, die kurze Röcke tragen und Ledermäntel, an einen anderen Lover. Weißt du, Ali, ich dachte, dass meine Freundin mich verlassen hat oder dass wir uns gegenseitig verlassen hatten. Aber unsere Geschichte ist komplizierter als das, genau wie dein Roman, der in zwei verschiedenen Ausgaben erschienen ist, die jeweils mit einem anderen Teil der Geschichte beginnen und deren Zeiten und Charaktere ineinander übergehen. Du sagst: »Alles, was wir sagen, hat einen Untersatz, jede Geschichte, die wir erzählen, hat einen Untersatz aus Schweigen.«

Du hast gesagt, dass du nie stolz auf etwas bist, das du geschrieben hast. Dass sich keines deiner Werke, außer vielleicht diesem, wie

---

5   Smith, 2014, 460.

deines anfühlt (weil du es so schnell geschrieben hast). Ich fühle mich immer von meinem eigenen Schreiben getrennt, aber vielleicht ist das, wie die Autorin Julia Friese kürzlich den Popsänger Dirk von Lowtzow in einem Interview gefragt hat,[6] eine Technik, um zu mögen, was man tut, ohne sich selbst mögen zu müssen. Vielleicht suchen wir uns auch unsere Heiligen und anderen Ikonen danach aus, uns versteckt selbst zu huldigen.

Als die Sonne fast untergegangen ist, mache ich mich auf den Weg zurück zu meiner Ferienwohnung. An der Abzweigung zu einer schmalen Gasse stehen zwei Teenager, die so aussehen, als hätten sie einen lesbischen *lover's quarrel*. Als ich nach ein paar Minuten zu ihnen zurückgehe, sind sie verschwunden. Ali, das ist mein erster und letzter Tag in Ferrara. Danke, dass du mich hierhergebracht hast.

Yours respectfully
Evan

Rom, Tag 3

Lieber Sigmund,

vor wenigen Stunden bin ich mit dem Zug in Roma Termini eingetroffen. Jetzt ist Nachmittag in der Fastenzeit, und ich esse ein Stück Lasagne mit zu harten Nudelplatten und schreibe dir, weil ich eigentlich über Lesben und Italien schreibe.

Hear me out.

Dein Verhältnis zum Lesbianismus ist ambivalent. In einer Fallstudie[7] schreibst du, dass Lesben krankhaft ihren Müttern verhaftet geblieben seien. Deine namenlose lesbische Analysandin verwandelte sich demnach »in einen Mann und nahm ihre Mutter anstelle ihres Vaters zum Objekt ihrer Liebe«. Praktisch: Wenn Lesben eigentlich Männer sind, ist die Geschlechterordnung wiederhergestellt.

Doch diese Haltung steht im Widerspruch zu einer potenziell queeren Seite deines Denkens. In den *Drei Abhandlungen zur Sexualtheorie* (1905) definierst du jedes sexuelle Verlangen als konstruiert und dem Wandel unterworfen. Du schreibst, dass »die Unabhängigkeit

---

6   Von Lowtzow, Dirk. »Wahnsinnig viel, was ich mache, basiert auf dem absoluten Bedürfnis, mich mitzuteilen.« Interview mit Julia Friese. In: *Musikexpress* 04/2023.

7   Freud, Sigmund. »Über die Psychogenese eines Falles von weiblicher Homosexualität« in: *Gesammelte Werke, Band XII: Werke aus den Jahren 1917–1920*. Frankfurt am Main, 2005, 271–302.

der Objektwahl vom Geschlecht des Objektes« das Ursprüngliche des menschlichen Begehrens sei. Aber mehr als alles andere, Sigmund, werte ich deine Briefe an deinen Intimus Wilhelm Fließ als deine lesbische Ehrenrettung. »Ich bin ziemlich verdüstert und kann nur sagen, ich freue mich auf den Kongreß wie auf die Befriedigung von Hunger und Durst«, schreibst du Fließ vor eurem letzten Treffen 1900. »Ich bringe nichts als zwei offene Ohren und einen zur Aufnahme gescheuerten Schläfelappen.«[8] Später war Fließ nicht nur überzeugt davon, dass du Teile seiner Briefe in der *Traumdeutung* plagiiert hattest, sondern dass du ihm nach dem Leben trachtetest.

Die Fernbeziehung, das dramatische Ende eurer romantischen Freundschaft, deine Obsession mit Träumen – *it does not get more dyky than this*. Ich glaube, Sigmund, dass dir die in der »Psychogenese« beschriebene Analyse mit der 17-jährigen Margarethe Csonka zu naheging, weil du dich selbst in dir sahst. Dass du ihr aus dieser Angst heraus keinen Namen geben konntest und die Analyse nach nur vier Monaten abbrechen musstest. Dass wir nun hier sind, um dich heimzusuchen. *You are my highly problematic, closeted lesbian.* Ich hoffe, du wirst diesem Titel gerecht werden.

Ich laufe in Richtung der Ponte Sant'Angelo und sehe den Tiber, der sich um die Engelsburg schlängelt. Gestern hat es geregnet, der Schlamm, der von den Hängen der Berge gewaschen wird, taucht den Fluss in seine charakteristische gelbe Farbe. Die Römer nannten ihn *flavus* (»der Blonde«). Heute ist es trocken, die Sonne brennt auf meinem Gesicht. Ich kann den Frühling nicht erwarten, und zugleich fürchte ich ihn. Ich habe Angst vor dem Tempo, das alles um mich herum aufnehmen wird, vor dem Anfang der warmen Monate, die schon ihr Ende markieren. Jedes Jahr bevor der Sommer beginnt, träume ich davon, dass wieder tiefster Winter herrscht, dass ich den Sommer komplett verschlafen haben werde. Ich glaube, ich habe Angst vor einem Übermaß an Gefühl. Meine Vorerwartung wirkt *pre-emptying*, sie leert aus vor der Zeit.

Ich betrachte den Engel mit dem Schwamm, der traurig beobachtet, wie ein Soldat Jesus kurz vor seinem Tod einen mit Essig getränkten Schwamm auf die Lippen drückt. Du, Sigmund, hast von dieser Brücke geträumt:

»So träume ich denn einmal, daß ich vom Coupéfenster aus Tiber und Engelsbrücke sehe; dann setzt sich der Zug in Bewegung, und es fällt mir ein, daß ich die Stadt ja gar nicht betreten habe«, schreibst du

---

8   Freud, Sigmund. *Aus den Anfängen der Psychoanalyse: Briefe an Wilhelm Fließ, Abhandlungen und Notizen aus den Jahren 1887–1902.* London, 1950, 290.

in *Die Traumdeutung*. »Ein andermal führt mich jemand auf einen Hügel und zeigt mir Rom vom Nebel halb verschleiert und noch so ferne, daß ich mich über die Deutlichkeit der Aussicht wundere.«[9]

Du wolltest Rom seit Mitte der 1890er-Jahre besuchen, brachtest es jedoch bei deinen Reisen nach Italien jahrelang nicht über dich. Stattdessen last du über die Geschichte des Alten Roms, du schriebst Fließ von deiner Sehnsucht. Ich kann dich gut verstehen. Gestern Nacht habe ich, wie so oft, von New York geträumt. Wie immer näherte ich mich der Stadt von außerhalb. Diesmal passierte ich auf einem Boot eine lange Landzunge, von der ich wusste, dass sie Long Island war. Sie war so schmal, wie ich mir Hiddensee vorstelle, aber tropisch, Palmen und weißer Sandstrand. In einigen Wochen werde ich versuchen, nach New York zu reisen. Das Verweilen an der Schwelle zwischen Innen und Außen, Zugehörigkeit und Ausschluss, auch das, Sigmund, ist eine von uns geteilte Erfahrung queeren Erlebens.

Die Sonne geht unter, die Kirchen und Museen werden bald schließen. Ich überlege, ob ich mir Moses' *Michelangelo* anschauen soll, über den du einen Essay geschrieben hast,[10] oder Velázquez' Gemälde *Innozenz X*, von dem der mit deinem Enkel Lucian eng befreundete Maler Francis Bacon zahlreiche Variationen malte, ohne sich jemals das Original anzuschauen. Stattdessen laufe ich die zehn Minuten zurück zu meinem Hotel, schließe die Haustür auf und die zu meinen Gebäudetrakt und nehme einen engen Fahrstuhl in den vierten Stock. Mein Bed and Breakfast heißt »Dante's in Vaticano«, mein Zimmer »Phlegyas«. An der Seite des griechischen Halbgottes, der in der Unterwelt ewig dazu verdammt war, einen vom Herabsturz bedrohten Felsen über sich zu sehen, blicke ich auf die Mauern des Vatikans. Ich lese eine Mail, in der ich eingeladen werde, die Lesung einer*s Autor*in zu moderieren, den*die ich mehr bewundere als alle anderen. Für einige Minuten schreibe ich Nachrichten, die alle mit »OMG« enden. Gleich danach stelle ich mir vor, dass die zwei Menschen, in die ich verliebt bin, beide diese Lesung besuchen wollen. *I go blank and I panic.* Ein*e Freund*in schreibt mir, dass ich keine Angst davor haben darf, das zu bekommen, was ich mir wünsche.

---

9   Freud, Sigmund. *Die Traumdeutung*. New York, 2002, 132–133.

10   Freud, Sigmund. *Der Moses des Michelangelo: Schriften über Kunst und Künstler*. Frankfurt, 1993.

Am 1. September 1901 fährst du schließlich mit deinem Bruder Alexander über Trient nach Rom. Am 2. September notierst du: »Nach 2 h in Rom eingetroffen, um 3 h nach Bad umgekleidet u Römer geworden. Unbegreiflich, daß wir nicht Jahre früher gekommen sind.«[11]

Weniger enthusiastisch klingt dein späterer Bericht an Fließ:

»Nun sollte ich Dir über Rom schreiben; es ist schwer. Es war auch für mich überwältigend und die Erfüllung eines, wie Du weißt, lange gehegten Wunsches. Wie solche Erfüllungen sind, etwas verkümmert, wenn man zu lange auf sie gewartet hat, aber doch: ein Höhepunkt des Lebens.«[12]

Ich denke, meine Angst davor, dass meine Wünsche wahr werden, ist angemessen. Wir wählen unsere Fixpunkte, unsere Sehnsuchtsorte und Stars, danach aus, dass sie unerreichbar sind. Wir wollen sie nicht vom Thron stoßen und als das erleben, was sie sind – real und uneindeutig und weniger entschieden als ein Text oder eine Ikonenkarte für die Hosentasche.

Und doch bleibt uns nichts anderes übrig, wenn wir etwas Ungeplantes fühlen wollen. Eine messy Konfrontation, ein Space zwischen Unwohlsein und Freude. In ein paar Wochen werde ich die Moderation ein*er Lieblingsautor*in machen. Wir werden auf der Bühne darüber sprechen, dass die Angst und das Schreiben, das Unbehagen und die Performance sich nicht voneinander trennen lassen. Ich werde mich fragen: Was wäre eine relaxed Lesung? Was eine anxious Literatur? Der Abend wird ein »Höhepunkt des Lebens« sein.

Doch das alles, lieber Sigmund, weiß ich heute noch nicht. Heute sage ich ein Abendessen ab und kaufe mir stattdessen ein paar Stücke Pizza auf die Hand.

Hingebungsvoll
Evan

---

11   D'Angelo, Marina. »›... doch: ein Höhepunkt des Lebens. Freud auf dem Weg nach Rom (1897–1901)« in: *Luzifer-Amor: Zeitschrift zur Geschichte der Psychoanalyse*, 25. 5. 2012, 122–132.

12   Freud, Sigmund. *Briefe an Wilhelm Fließ 1887–1904. Ungekürzte Ausgabe*. Hrsg. von J. M. Masson. Frankfurt am Main, 1986, 493.

Rom, Tag 4

Cara Gina,

ich muss gestehen, dass ich dich vor dem heutigen Tag nicht kannte. Ich schreibe dir von einer lesbischen Pilgerreise, genauer, aus Rom. Ich weiß nicht, was dein Verhältnis zu dieser Stadt war, aber du hast Frauen geliebt und ihnen dein Blut gegeben. Das ist mir Verbindung genug.

Eigentlich wollte ich zwei anderen lesbischen Künstlerinnen schreiben, die einmal in Rom gelebt haben. Charlotte Cushman war eine Opernsängerin aus Boston. Zwischen 1846 und 1848 lernte sie die englische Schriftstellerin und Frauenrechtlerin Matilda Hays kennen. Sie wurden als Paar anerkannt und kleideten sich in ähnlicher Weise, *all* maßgeschneiderte Hemden und Jacken und zurückgegelte Haare. 1852 zogen sie nach Rom, wo sie offen in einer Gemeinschaft englischsprachiger lesbischer Künstlerinnen zusammenlebten. Sie alle kamen für den billigen Marmor und die Freiheit, die sie als alleinstehende reiche Ausländerinnen auf europäischen Boden genossen. Und das Zentrum ihrer Gemeinschaft war Cushmans und Hays' Residenz in der Via del Corso, auf der ich jetzt stehe.

Es ist Sonntag und in Rom ist Stadtmarathon. Die Via del Corso liegt genau auf der Laufstrecke. Als ich aus der U-Bahn komme, checke ich nicht, auf welcher Straßenseite die Nummer 28 liegt. Ich bin auf meiner lesbischen Schnitzeljagd verloren gegangen. Mehrfach bitte ich Ordner*innen mit möglichst entschuldigenden Gesten, mich unter dem Absperrband hindurch zu lassen. Endlich finde ich das richtige Gebäude. Davor ist ein Spugnaggio, eine Schwammstation, von der Freiwillige den Laufenden mit Wasser vollgesogene Schwämme reichen. Im Erdgeschoss ist ein AS-Roma-Store, in dem »Sweet Home Alabama« läuft.

Nichts erinnert an das *lesbian drama*, das sich hier abspielte: 1857 verliebte sich Cushman in die junge Bildhauerin Emma Stebbins. Als die Affäre aufflog, zerbrach die Beziehung zwischen Cushman und Hays. Darüber schreibt die Journalistin Anne Brewster am 5. Juni 1867 in ihrem Tagebuch:

»[Cushman] had her always a female companion with whom she quarreled when she did not reign as tyrant. C.C. & [Hays] fought like cat and dog. They use to throw brushes and combs at each other.«[13]

---

13   Brewster, Anne H. *Diary Entry*. 1876. *https://archivalgossip.com/collection/items/show/36.*

Gina, auch ich bin verliebt in zwei Menschen. Teil von einem *love triangle*, von dem ich hoffe, dass es weniger dramatisch verlaufen wird. Meine Sorge ist ein Grund dafür, dass ich heute, wie jeden Tag meiner Reise, um sechs Uhr aufgewacht bin. Ich frage mich, warum nicht darüber schreiben. Über meine Erschöpfung und das Warten, dass der Tag sich neigt und ich mich gegen halb sieben ins Bett meiner Herberge legen und um 21 Uhr in einen traumlosen Schlaf fallen kann. Doch so lange muss ich weitermachen.

Ich unterwerfe mich dem Exzess an Informationen, der Ordnung von Syntax und Kategorien, dem Fetisch des Wissens, der Worte und Geschichten. Ich wandere auf den Spuren der lesbischen Körper, um meinen eigenen zu vergessen; ich laufe mir Blasen in meinen Doc Martens, vielleicht werden sie zu Stigmata; ich gehe am Tiber entlang und nehme an einer Bude voller AS-Rom-Fans eine Piadina und einen Espresso mit viel Zucker zu mir; ich stolpere benommen wie nach einer durchfeierten Nacht ins MAXXI, das wie eine Erotikmesse klingt oder eine Eissorte aus den 90ern, aber das Museum für Gegenwartskunst ist und von Zaha Hadid entworfen.

Und da, Gina, hinter dem museumspädagogischen Bereich und fernab der Blockbuster-Ausstellung mit Bob Dylans Bildern, begegne ich dir zum allerersten Mal. An einer unscheinbaren Wand zur italienischen Performancekunst der Jahre 1967 bis 1982, zwischen vielen Männern und wenigen Frauen, finden sich ein paar Fotos deiner *Azione Sentimentale*. Am 9. November 1973 hast du diese Aktion in der Galleria Diagramma in Mailand performt. Inmitten von Ringen aus weißer Kreide, in denen das Wort *donna* (»Frau«) stand, hast du dir acht Rosendornen in das Fleisch deiner Unterarme gebohrt und dir die Handinnenflächen mit einer Rasierklinge zerschnitten. Parallel dazu lasen zwei Lesben einander Liebesbriefe vor. Eine hatte der anderen nach dem Tod der Mutter einen Rosenstrauß geschickt. Zur Performance waren nur Frauen geladen.

Ich google dich und finde auf Anhieb folgende Sätze:

»Many pronounce her name Gina Pain, turning the Italian world for bread, ›pane‹, into the English word ›pain‹.«

»Ironists called her ›the mad woman with the razor blade‹.«

»She didn't get famous like Marina Abramović or Chris Burden.«

Auf dem Rückweg in mein BnB laufe ich einen Umweg zur Kirche Santa Maria della Vittoria. Eine Bekannte hatte mir empfohlen, eine Statue dort anzusehen. »Die Verzückung der Heiligen Theresa«. Die Skulptur zeigt die Heilige im Augenblick ihrer Vision, bei der ihr ein Engel mit dem Pfeil der göttlichen Liebe das Herz durchbohrt.

Teresa selbst schrieb darüber:

»*In der Hand des Engels sah ich einen langen goldenen Pfeil mit Feuer an der Spitze. Es schien mir, als stieße er ihn mehrmals in mein Herz [...]. Der Schmerz war so stark, daß ich klagend aufschrie. Doch zugleich empfand ich eine so unendliche Süße, daß ich dem Schmerz ewige Dauer wünschte.*«

Zurück unter meinem absturzgefährdeten Felsen, lese ich mehr über dich. Ich lese über Performances in den 70ern, bei denen du bar-fuß eine mit scharfen Metallobjekten gespickte Leiter heraufgestie-gen bist (*Unanaestheticized Climb* [1971]) oder dir in deine Augenlider schnittst (*Action Psyché (Essai)* [1972]). Über deine Partnerin, Anne Mar-chand, die deine Performances dokumentierte und über die ich sonst nichts weiter finde, als dass sie deine Nachlassverwalterin ist.

Ich denke an die Statue der Heiligen Teresa zurück. Wie sie, auf eine himmlische Wolke gebahrt, die Glieder von sich streckt, den Mund geöffnet, über ihr der gespannte Körper des androgynen Engels, »eher klein als groß, sehr schön«. Theresas Form der Ekstase ist mächtig, lust-voll in ihrer entschiedenen Unterwerfung. Auch du, Gina, hast dich ent-schieden, äußerliche Verletzungen (mit deiner Arbeit reagierst du auf die »*external aggression*« einer feindlichen Welt) in eine autonome Pra-xis zu überführen. Ich lese deine Leidensbereitschaft als Beweis für den lesbischen Glauben, auf dass wir Linderung finden. »*If I open my ›body‹ so that you can see your blood therein, it is for the love of you: the Other.*«

Auch das Schreiben ist ein selbstbewusstes Martyrium. Mein Tagespensum lesbischer Orte ist nur scheinbar eine mir äußerliche Spur. Ich bin nur vermeintlich ein*e passive*r Pilger*in. Ich schreibe aus freien Stücken einen konzeptionellen Text, dessen Regeln ich mir selbst auferlege und nach dessen Stationen niemand verlangt hat.

Manchmal frage ich Helena: Warum tun wir uns das an, dieses geübte Leiden, diese Schreibarbeit? Es gibt nur eine Antwort darauf: Weil wir es immer wieder so entscheiden. Im Namen des Höheren erlit-tene Wunden werden gerne erduldet. Sie sind ein beredter Beweis des Glaubens. Die*der selbstbewusste Märtyrer*in hat es nicht auf sprach-lose Hingabe abgesehen. Die Heilige Teresa, du, Gina, und ich: Wir alle leiden und sind dabei in Kontrolle.

Mit den Worten des Psychoanalytikers Emmanuel Ghent erleben wir *submission* (»Unterwerfung«), kein *surrender* (»Hingabe«). Diese Unterscheidung nimmt er in seinem Essay, »*Masochism, Submission, Surrender*« vor.[14]

---

14 Ghent, Emmanuel. »Masochism, Submission, Surrender«. *Contemporary Psychoanalysis*, 26:1. 1990, 110–111.

»1. [Surrender] does not necessarily require another person's presence, except possibly as a guide. One may surrender ›in the presence of another‹, not ›to another‹ as in the case of submission.

2. Surrender is not a voluntary activity. One cannot choose to surrender, though one can choose to submit. One can provide facilitative conditions for surrender but cannot make it happen.«

»Can I be topped beginning to end?«, fragen die Lyriker*innen Irene Silt und Rosie Stockton. Ihr Wunsch: *»To let [the pain] be there without encapsulating it with doubt, blame, or fear.«* Falls es ein Schreiben gibt, das sich seiner selbst nicht sicher ist, dem Schmerz ergeben, habe ich darauf bisher nur einen flüchtigen Blick erhascht. Stattdessen durchschreite ich das Unbehagen mit diesem Text wie einen vertrauten Hindernislauf. Weil ich an meine Fähigkeiten glaube und mir immer wieder verdeutliche, wo ich hiermit hinwill. Wie kann sich ein Selbst verlieren, wenn die Voraussetzung für die Selbstaufgabe der Wille dieses Selbst ist? Kann ich schreiben, ohne zu wissen, was ich will?

Auf der Suche nach Instant-Nudeln verlasse ich ein letztes Mal am heutigen Tag Dantes Inferno. Auf der Viale Giulio Cesare fahren fast keine Autos, die Bürgersteige sind menschenleer. Durch die Stille höre ich die Vögel singen, die uns vorausfliegen, weil sie mit ihrem ganzen schmalen Körper an den Frühling glauben. Gina, zwischen 1981 und deinem Tod 1990 hast du keine Performances mehr gemacht. An ihre Stelle traten Installationen aus Fotografien und skulpturalen Elementen, die du *partitions*, »Partituren«, nanntest. Sie waren voll von den Heiligen Franziskus, Laurentius von Rom und Sebastian, die Bilder deiner eigenen Wunden bloß noch ein fragmentarischer Nachhall. Du hast deinen eigenen Körper aus dem Zentrum deiner Kunst entfernt und an seine Stelle die vertrauten Ikonografien gesetzt, die so hyper-visible sind, dass der Blick durch sie hindurchzugehen vermag.

»WHERE IS THE FIRE THAT RESONATES? THE SOUND OF THE BODY? OF HYSTERICAL LAUGHTER? OF PAIN? OF DEATH? THE SILENCE OF BLOOD?«,[15] hast du in den 70ern gefragt. Wolltest du mit deinen Partituren die Voraussetzungen für eine Re-Mystifizierung des Körpers, für unser aller *surrender* schaffen?

Auch ich muss meine Umgebung verändern. Ich entscheide mich, die Stadt am morgigen Tag zu verlassen. Ich will das Meer sehen.

Un abbraccio
Evan

---

15 Pane, Gina. »Letter to a Stranger« in: *Parallel Practices: Joan Jonas & Gina Pane*. Hrsg. v. Dean Daderko. Houston, 2014, 39.

Riviera, Tag 6

Carə[16] Feminellə,

ich schreibe dir von der Küste Liguriens, wo meine Reise durch Italien
sich dem Ende zuneigt. Ich hätte es gerne in den Süden geschafft, nach
Neapel und weiter, in deine Heimatregion. Ich wäre gerne mit dir zur
Schwarzen Madonna in Montevergine gewandert, doch mir läuft die
Zeit davon. Du sollst trotzdem wissen, wie sehr ich an dich denke, an
meinem zweiten Tag an der Riviera, vor mir das Meer, hinter mir die
Berge und auf meinem Handy-Bildschirm ein Text über deine, über
unsere Madonna.

Die Madonna von Montevergine wird von queeren Menschen
schon seit Jahrhunderten verehrt. Der Legende nach rettete sie 1256
ein homosexuelles Paar vor dem Tod: Als zwei sich küssende Männer
auf dem Weg nach Montevergine von einer wütenden Menge erfasst
und nackt an einen Baum gefesselt wurden, befreite sie die Lieben-
den demnach und segnete ihre Verbindung. Und ein zentraler Teil der
Gemeinschaft der queeren Gläubigen, die seitdem rauschende Tanzfeste in der Kirche von Montevergine feiern, bist seit dem 16. Jahrhundert du, Feminellə. Du bist nicht schwul, nicht trans, nicht Mann,
nicht Frau, du bist ein drittes Geschlecht. Seit Jahrhunderten giltst
du als Glücksbringer*in, geniale*r Musiker*in und begnadete Lieb-
haber*in.

Doch deine Feinde versuchen, unsere queere Geschichte auszulöschen. Im Januar 2002 wurde eine Gruppe queerer Pilger*innen von
einem Priester hinausgeworfen, der über den Klang deiner Tambou-
rine und Kastagnetten erzürnt war, mit denen ihr der Erdgöttin Cybele
gedachtet, zu deren Ehren an diesem Ort lange vor dem Christentum
orgiastische Gender-bending Tanzfeste gefeiert wurden. Doch du bist
nicht kleinzukriegen: Am 2. Februar 2002 kehrten Hunderte von Akti-
vist*innen nach Montevergine zurück. Seitdem begehen an jenem Tag
jährlich Tausende den Femminiello Pride.

Auch ich möchte dir die Ehre erweisen. Und so werde ich heute
zum Cristo degli abissi, dem Christus der Abgründe, pilgern. In unmit-
telbarer Nähe des Klosters San Fruttuoso wurde im August 1954 eine
zweieinhalb Meter hohe Christusstatue versenkt. In 17 Metern Tiefe
richtet der bronzene Jesus seine gefalteten Hände gen Meeresoberflä-
che. Die Statue, die anlässlich eines tödlichen Tauchunfalls errichtet

---

16   Im Italienischen wird die Endung »ə« anstelle von »a« oder »o« als
     geschlechtsneutrale Anrede verwendet.

wurde, soll Taucher*innen und Seeleute schützen. Dort möchte ich ein Stoßgebet an dich verrichten.

Die Abtei lässt sich nur mit dem Boot erreichen. Auf der windigen Fahrt esse ich eine Focaccia. Findest du es auch so absurd, dass die lokale Spezialität Liguriens fettige Brote sind? Nach zwanzig Minuten gehe ich in San Fruttuoso an Land. Ich bin zu kalt gekleidet, der Wanderweg zum Christus der Abgründe ist gesperrt, ohnehin können ihn nur Taucher*innen sehen oder Fischer*innen mit durchsichtigem Bootsboden. Außerdem ist das hier der womöglich einzige Ort in Italien, an dem man keinen Espresso bekommt. Die Fähre fährt erst in zwei Stunden zurück, und nachdem ich ein paar Minuten durch die romanischen Gänge der ersten hier errichteten Kirche gelaufen bin, setze ich mich an den Pier und warte. Ich komme nicht in eine Schreib- oder gar eine erhabene Stimmung, falls es da überhaupt einen Unterschied gibt. Stattdessen streite ich mich in parallelen Chats mit meinen Lovers.

Nach einer Weile nähert sich ein Boot der Bucht. Bereits aus der Ferne höre ich eine deutsche Ansage aus den Lautsprechern: »Die meisten Gebäude der Abtei stammen aus dem 10. und 11. Jahrhundert.« Eine Gruppe Teenager strömt an den Strand. Einige von ihnen beginnen, auf den höchsten Punkt der Felsen zu klettern, einige posieren für Fotos vor dem türkisfarbenen Wasser. Wieder andere laufen mit hochgekrempelten Hosenbeinen ins Meer oder schwimmen in das noch winterlich kalte Wasser hinaus. Eine Person im Bikini sagt: »Ich bin noch nie am Meer gewesen.« Ich bin widerwillig gerührt und schäme mich über meinen Frust der letzten Stunden.

Zurück in Camogli, setze ich mich mit einem Espresso an die Promenade. Unterhalb von mir sonnen sich Italiener*innen am Strand aus weißen Steinen. Keine*r von ihnen würde auf die Idee kommen, so früh im Jahr zu schwimmen.

Ich lese in *Disorganisation & Sex*, einem Sammelband der Lacanierin Jamieson Webster. Die Grenzen des Wissens, schreibt sie darin, die Einschränkung jeder Form von Beherrschung zu akzeptieren, ist, psychoanalytisch gesprochen, die einzige Wahrheit. Weil wir sterben müssen, können wir keine Perfektion, keine Dominanz über das Leben erlangen. Wir müssen akzeptieren, dass wir immer wieder gegen unsere Begrenzungen anlaufen, dass darin der Sinn all unseres Strebens liegt.

»No one is a master when death takes its proper place, and if this doesn't wipe out knowledge altogether, [...] knowledge at least loses its imaginary power.«[17] Ich kann die Realität nicht durch eine genau geplante und gewissenhaft befolgte Pilgerreise bezwingen. Nicht durch das histori-

---

17 Webster, Jamieson. *Disorganisation & Sex*. London, 2022, 80.

sche Wissen, die Briefform oder die lesbisch-queeren Liebesobjekte, die ich in den letzten Tagen angerufen habe. Ich kann mir nicht in den Kopf setzen, einfach so eine Christusstatue zu besichtigen, die in 17 Metern Tiefe auf dem Meeresgrund wacht. Mir bleibt nichts, als auf das undurchsichtige Meer zu schauen und zu warten.

»*All reality is iconoclastic*«, schreibt der Autor C. S. Lewis nach dem Tod seiner Frau Joy Davidman. »*The earthly beloved, even in this life, incessantly triumphs over your mere idea of her. And you want her to; you want her with all her resistances, all her faults, all her unexpectedness.*«[18] Ich bin dir dankbar, dass du, Feminellə, mir Steine in den Weg gelegt hast, anstatt mir einen smoothen Empfang zu bereiten. Ich verehre dich außerhalb der Perfektion. Ich sehe dich mit zerlaufenem Make-up und einer zerbrochenen Korallenkette in den Händen, eine vollkommen fehlerhafte Ikone.

Du bist die fünfte Person, der ich geschrieben habe. Ich weiß nicht, ob ich dich treffen will, aber da ist der Tod, also: *fuck it*. Ich schließe das Dokument und drücke auf »Senden«.

In Liebe und Wut
Evan

---

18   Lewis, C. S. *A Grief Observed*. San Francisco, 2001, 66.

Evan Tepests Essayband *Power Bottom* erschien im März im MÄRZ Verlag. Evan ist Teil des Kollektivs *DYKE DOGS*, das unter anderem die lesbische Kulturreihe in der Berliner Schaubühne organisiert. Seit Mai 2023 schreibt Evan die Kolumne *Triple Water*  für das *Missy Magazine*.

Mardin
Melancholie

Deniz Utlu

Ich suchte nach einer Tür in die Geschichte, so kam ich nach Mardin. Aus der Ferne sah ich bereits die Steine auf dem Hang des Berges schimmern, wie sie es seit Jahrhunderten tun mussten. Steine jener Stadt, die von ihrem äußersten Zipfel aus auf die Tiefebene Mesopotamiens blickt, das Flachland, so weit das Auge reicht, durchsichtig zum Horizont hin, eine grüne Unendlichkeit im Frühling. Verse aus einem Gedicht von Karin Karakaşlı hatte ich im Ohr: »Niemandes Fuß betritt als erstes einen Boden / immerzu schulterst du vergangene Seelen / Götter, Göttinnen, einst lebendig wie du«.

Ein Seifenhändler in der Altstadt erzählte mir auf meine Frage hin, wie lange er sein Geschäft schon betreibe, dass er es von seinem Großvater übernommen hätte. Mein Großvater, sagte ich, war Metzger hier, in der Straße der Schlachter. Daraufhin schaute mich der Mann genauer an und nannte den Namen meines Onkels. Für einen Moment war ich kein Fremder mehr in der Stadt. Ich hatte eine Verbindung zur Erinnerungsspur im Gedächtnis jenes Seifenverkäufers geknüpft, dessen Familie hier angeblich seit Urzeiten schon jene grünen Würfel aus Olivenfett produzierte, die ich von meinem Vater kannte. Ich kaufte zwei Stück davon, wir gaben uns die Hand.

Die Stadt habe sich ihren Namen bewahrt, während sämtliche Orte in der Region ihn mehrfach gewechselt hätten, so heißt es in *Mardin 1915. Die Anatomie der Pathologie einer Zerstörung*, dem Buch des Chirurgen und Genozidforschers Yves Ternon, in dem er die Zerstörung der armenischen Gemeinschaft Mardins dokumentiert. Bei den Erdbeben im Februar 2023, bei denen fast fünfzigtausend Menschen starben und ganze Städte – Hatay, Maraş, Adıyaman – zu Ruinen wurden, blieben die Gebäude Mardins unversehrt. Wer auf die Stadt zufährt, nähert sich einem Panorama außerhalb der Zeit, Dschinnen müssten hier durch diese Gassen wehen. Der Rest der Welt hat sich industrialisiert, motorisiert, digitalisiert, hier glänzt der Staub der Zeit zwischen den kitzelnden Fingern der Sonne.

In der Stadt selbst bewegten sich aber Menschen auf der Hauptstraße. Sie taten es wie in Istanbul auf der İstiklâl, blieben an Schmuckständen stehen, hatten wässrige, abwesend glänzende Augen. Tuchverkäufer flochten Frauen bunten Stoff ins Haar. Die Namenstafeln aller Läden im selben bürokratischen Design: goldene serifenlose Druckbuchstaben auf kastanienbraunem Hintergrund. Die Geschäfte waren nunmehr fast ausschließlich auf Tourist*innen ausgerichtet: Wein, Trockenfrüchte, Seife, unterbrochen von Souvenirläden, auf deren Ramschtischen das Wort Mardin als Schlüsselanhänger verkauft wurde oder Imitate der berühmten Schmuckarbeiten assyrischer Juweliere, allerdings saß da, wo eine Perle, ein Jadestein oder das Auge gegen den bösen Blick angebracht hätte sein müssen, das Logo eines Autoherstellers: Opel, Citroën, Toyota, Audi. Vor einem anderen Laden hingen blonde Barbiepuppen in Brautkleidern, immer drei nebeneinander, bis weit über die Türhöhe. Auf der Einkaufsstraße herrschte Stau, Autos hupten, Menschen drängelten, entweder trugen sie Eiswaffeln vor sich her oder etwas anderes Konsumierbares. Vor einem Geschäft ließen sich einige abwaschbare Kaligrafien ins Gesicht tätowieren.

Ich folgte der Hauptstraße, die Erste Straße genannt wurde, bis zur Post. In den Memoiren des türkischsprachigen Mardiner Schriftstellers Murathan Mungan, der gleich nebenan aufgewachsen war, hatte ich von jenem Gebäude gelesen: Es hatte einmal einer armenischen Familie gehört, nämlich dem Tuchhändler Garabet Kasparyan. Der Sohn Tavrit Kasparyan, der in Berlin Medizin studierte, kam in den Semesterferien 1915 seine Eltern besuchen. Aber er fand sie nicht mehr vor: seine Familie, getötet und vertrieben, das Eigentum konfisziert. Der junge Mann kehrte nicht zurück nach Berlin, lebte obdachlos auf der Straße vor dem Haus, in dem er aufgewachsen war, wurde wahnsinnig über seinen Schmerz. Eines Tages nahm sich seiner eine armenische Familie an und überredete ihn, mit nach Istanbul zu kommen. Dort verbrachte er den Rest seines Lebens in einer französischen Nervenklinik mit dem Namen La Paix. Den gelben Stein der Gebäude leuchteten jetzt gegen Abend Scheinwerfer an, so wie auch das Minarett der Şehidiye-Moschee rechts von mir und die Konaks, traditionelle Herbergen, hinter mir, deren Namen in dunklen großen Lettern auf die antiken Fassaden angebracht waren.

Ich hatte zu einigen Menschen Kontakt aufgenommen, die sich mit der Geschichte der Stadt auseinandersetzten. Ein Architekt zeigte mir anhand einiger Häuser, wo die Deutschen in den Jahren 1915 und 1916 die Straße geweitet hatten, damit genug Platz für das Fuhrwerk ihres Militärs war. Er verwendete das Wort »Rasur«, sie hätten die Fassaden rasiert. Er sagte, schau durch dieses Kellerfenster, du siehst dort einen halben Laden. Hier, sagte er, muss ein Haus zusammengestürzt sein bei den Weiterungsarbeiten – die Ruinen jenes zusammengestürzten Hauses standen dort seit mehr als hundert Jahren. Wir liefen in den Kayseriye-Markt im Bazar, wo seit osmanischen Zeiten bis vor einigen Jahrzehnten noch wertvolle Stoffe und Gegenstände verkauft wurden, ein geschlossener Bazar mit hoher Gewölbedecke. Jetzt lag hier dasselbe Gerümpel zum Verkauf wie auf allen von Tourist*innen besuchten Märkten überall im Land und vielleicht auf der Welt: Plastik und Kitsch, Kämme und Handspiegel, verziert mit Plastikrubinen in Schachteln aus Pappe, Kleider aus Polyester und Nylon, Nickeldosen für Gewürze, reisetauglich zusammenklappbare Brettspiele und Ähnliches. Bei dem Handspiegel handelte es sich um die Nachbildung eines Objekts einer türkischen Soap-Opera, für die Mardin die Kulisse war.

Am Abend besuchte ich einen Juwelier, von dem es hieß, er beschäftige sich mit der Lebensweise in Mardin, in seinem alten Steinhaus in der Nähe der Kirche der Vierzig Märtyrer – ein kleiner Mann, die Brille mit eckigem Metallgestell, das karierte Hemd über der Jeans, er schenkte uns Rakı ein. Er und sein Vater hätten seit Jahrzehnten alles gesammelt, was sie vom alten Mardin retten konnten. In seinem Haus fanden sich Spiegel, Schlüssel, Türen, Steine, Bilder, Schüsseln, Schmuck, unzählige Gegenstände, jeder einzelne habe eine Geschichte, die die beiden ausgegraben hätten. Der Vater sei vor Kurzem gestorben, aber er bewahre die Geschichten weiter.

Er zeigte mir seine Gegenstände, von denen er sagte, sie seien seine Freunde geworden. Der Juwelier sagte, er habe dieses Steinhaus mit Gewölbedecke geerbt und mit den eigenen Händen renoviert, zum Beispiel habe er die Steinornamente, die die Einbuchtungen in den Wänden verzierten, an den Stellen originalgetreu nachgemeißelt, an denen sie abgebrochen waren. Er lebe hier nicht, seine Familie habe das nicht gewollt, was er verstehen könne, denn der Alltag sei in der Neustadt komfortabler. Er nutze es jetzt für die Gegenstände, die er sammle. Jeden Abend nach der Arbeit hocke er hier im schummrigen Licht dieses Hauses und bleibe gerne allein mit den Dingen, die er der Zerstörwut der Zeit entreiße. Er rede mit ihnen, seinen Verbündeten. Irgendwann hätten auch sie angefangen, mit ihm zu sprechen, jetzt kenne er alle ihre Geschichten. Doch es helfe wenig, niemand wolle sie nun mehr hören, deshalb seien sie sterbende Märchen.

Ich erzählte ihm, die Häuser hier, die über die Jahrhunderte so viele Menschen und ihre Geschichten beherbergt hätten, seien mir in einigen Momenten wie Grabsteine vorgekommen. Häuser, in denen es kein Leben mehr gebe. Im Grunde genommen nicht einmal mehr Tote. Sondern einfach nichts, zu leer, um Mausoleen zu sein, uralte Grabstätten einer untergegangenen Zivilisation, in denen nichts mehr an die Geschichten der Menschen erinnert, die hier einmal beerdigt wurden – wo der Ursprung von so vielem war, herrscht die Anonymität von Hotels und Papiergeld, nekrophil und ohne Zauber. Ich erzählte ihm auch von deutschen Innenstädten nach dem Zweiten Weltkrieg, an die ich in unserem Gespräch denken musste. Nur noch das Nichts und vielleicht einige Gedenktafeln verwiesen auf die Spur der Geschichte. Einige Gebäude wurden nachgebaut, als wäre nie etwas geschehen, kein Zweiter Weltkrieg, etwa das Opernhaus in Hannover bereits in den 1950er-Jahren oder viel später das Berliner Schloss, dessen vordere Fassade wie aus der Zeit des Heiligen Römischen Reichs Deutscher Nation gefallen zu sein scheint. Aber der Großteil der Innenstädte ist voller Nachkriegsbauten, der Schutt des Krieges versenkt im Beton. Das, was noch da ist, liegt unsichtbar in Mauern, durch die nur wenige zu schauen wissen. Auch was vom Gedächtnis Mardins übrig ist, dachte ich, liegt in den Zwischenräumen, in einem Laden zwischen vielen anderen, in Seitenstraßen, zu Hause in der Sammlung eines Juweliers, in den Erinnerungen eines Seifenhändlers an seinen Großvater.

Der Juwelier zeigte mir einen Grabstein, den er zusammengepuzzelt hatte, blaue Ornamente darauf beschrieben, wie er mir sagte, den Weg ins Jenseits: eine blaue Träne für die Ankunft in der Welt, eine für den Austritt aus ihr, denn wir kämen weinend und genauso gingen wir auch wieder. Antike Schränke, mit eingeschnitzten Tauben oder Mauerseglern, jenen zur Dämmerung immerzu im Himmel schwirrenden schwarzen Vögeln, deren Schweif die Form eines Y hat. Ihr Tschilpen ist abends zu hören, wenn es für einen Moment ruhig ist. Durch ein Schlüsselloch sollte ich schauen. Was siehst du?, fragte er mich. Nichts, sagte ich, dahinter ist eine Mauer. Schau genauer, sagte er, das Schloss hat die Form eines Kreuzes, das heißt, es gehört zu einer Tür, die in ein christliches Haus führte. Er liebe seine Türen. Wann immer jemand ein Haus renoviere oder wenn ein Gebäude einstürze, rette er die alten Türen. Hier restauriere er sie. Besorge das entsprechende Holz, hoble es, schleife es, beschaffe alte Nägel und Türklopfer. Die Türklopfer erzählten etwas über jene, die einmal hinter diesen Türen wohnten. Manchmal begrenze eine Metallvorrichtung, wie weit man den Klopfer heben könne – das bedeute, dass die Bewohner feine Leute waren, die ein zartes Klopfen wollten. Hieße es denn nicht, wenn es nur einmal klopfe, stehe ein Kind vor der Tür, zwei Schläge verkündeten einen Fremden, drei einen Freund und bei vier galt es, besser nicht zu öffnen? Er liebe jene Türen, aber sie gehörten nicht hierher, sie sollten nicht hier sein. Hier waren sie nur Eingänge von unsichtbaren Mauern, in unsichtbare Tempel, hinter denen Geister lachten wie Kinder in der Straße.

Eine unsichtbare Mauer kommt in der Şahmaran-Erzählung in der Version Mungans vor – sein Schreiben bewegt sich stets an der Schnittstelle von Tradition und Aufbruch, verweigert sich einem Orientalismus, hat aber auch nicht den Anspruch, die Märchen der oralen Tradition zu retten, jene Märchen sind lediglich Teil seines Kanons. In der Erzählung heißt es über Belkıya, einen der Helden der Geschichte: »Die Riesen, Elfen und Dschinnen, denen er begegnete, waren introvertiert und melancholisch, wirkten müde, resigniert und düster, als hätten sie die Welt aufgegeben. Schließlich erreichte Belkıya die Chinesische Mauer. Sie reichte hoch in den Himmel, war breit wie der Horizont, keine Tür, nirgends. Sie schien sich zwischen alle Menschen und alle Welten gezogen zu haben. Dabei spürte Belkıya wieder die Sehnsucht nach einer Berührung in sich wachsen. So lange hatte er niemanden und nichts mehr berührt. Seit so langer Zeit hatte sich eine große Mauer zwischen Menschen und Welten errichtet. Jetzt, wo er vor der Chinesischen Mauer stand, konnte er die heimliche Mauer in seinem Leben deutlicher erkennen. Große Träume brachten auch verdammte, verfluchte Abenteuer mit sich. Tagelang lief er entlang der Mauer. Es öffnete sich nicht der kleinste Durchgang, nicht die schmalste Tür oder die winzigste Hoffnung. Nichts. Es gab nur nichts.«

Du hast noch nicht alle Räume gesehen, sagte der Juwelier und wies auf eine Tür schräg hinter mir, versteckt zwischen einem Schrank und einem Stuhl, so klein, als würde sie nur von Wesen genutzt werden, die sie nicht öffnen mussten, um durch sie hindurchzutreten. Ich streckte mich schon nach ihr, aber der Juwelier sagte, wir heben sie uns für ein andermal auf.

Später an jenem Abend, benommen von den Sehnsüchten, der Traurigkeit und dem Wissen jenes assyrischen Juweliers, folgte ich der Einladung in ein Kulturhaus, das auf der Ersten Straße neu eröffnet worden war, betrieben von kurdischen Intellektuellen, die dort eine umfangreiche kurdische Bibliothek eingerichtet hatten.

Wir tranken Çay. Ein junger Mann mit lichtem Haar aus dem Kreis der Betreibenden fragte mich, wo ich herkomme. Ich antwortete, nicht ganz ohne Ressentiment dieser so direkten ersten Frage wegen, aus

Berlin. Nein, ich meine ursprünglich, sagte er. Viertausend Kilometer von zu Hause, was auch immer dieses Zuhause bedeuten mochte, in der Stadt meines Vaters, wurde ich immer noch gefragt, wo ich »ursprünglich« herkäme. Der Juwelier hatte mich das nicht gefragt. Er hatte mich gar nichts gefragt. Es war, als hätte er die Menschen aufgegeben und hörte nur mehr auf die Stimmen, die in den Gegenständen konserviert waren, die er rettete. Wo ich lebte, leugnete diese übergriffige Frage ein Stück weit meine Zugehörigkeit. Hier – indes nun mehr vielleicht auch anderswo – beanspruchte ich keine Zugehörigkeit. Der Mann mit dem lichten Haar bezweckte mit dieser Frage etwas anderes als die Frager in Deutschland, allerdings auch er etwas, das von ihrer scheinbar harmlosen semantischen Oberfläche abwich. War es wirklich unmöglich, diese Frage zu stellen und nichts anderes zu meinen als genau sie? Mein Vater wurde hier in dieser Stadt geboren, sagte ich. Aha, sagte er, in der Stadt selbst oder in der Region? Der Mann wollte es genau wissen. Wieder einmal ging es ums Einordnen: War ich Araber oder war ich Kurde? Denn die kurdische Bevölkerung lebte traditionell nicht in Mardin-Stadt, sondern in der Umgebung. Erst nachdem die Regierung in den 1990er-Jahren kurdische Dörfer zerstört hatte, waren sie in die Städte geflüchtet. Eine kurdische Bibliothek mitten in der Hauptstraße war erst seit kurzer Zeit möglich. Der Mann mit dem lichten Haar wollte mit seiner Frage wissen: Stand ich der Regierung (»der Macht«) nahe, war ich ein »Konservativer« oder Oppositioneller? Die arabischen Städter galten tendenziell als religiös und regierungsnah, während ein schematisches Denken die Kurd*innen aus der Umgebung schnell progressiv imaginierte. Ich sagte zu ihm, dass seine Versuche, mich einzuordnen, scheitern mussten, ich kam woandersher, hatte einen anderen Kampf ausgefochten, meine Verletzungen waren andere. Meine Worte beeindruckten ihn wenig, er wolle ja nur verstehen, wie ich positioniert sei. Was sei mein Eindruck von Mardin, fragte er. Mir kamen sofort die Türen des Juweliers in den Sinn. Der Lärm in den Nächten. Die Ferne der Sterne. Ein alter Mann, mit dem ich auf den Bus gewartet und der mir erzählt hatte, dass seine Kinder in die Neustadt gezogen seien. Jedes Mal, wenn er dort in den Fahrstuhl steige, habe er das Gefühl, ins Gefängnis gebracht zu werden. Ich dachte an die zerfallenden Häuser in den Gegenden mit wenigen Touristen und an die Jacuzzis für romantische Touristen in den Häusern, die einmal armenischen Familien gehört hatten. Wie sollte ich all diese Bilder, die mir bei seiner Frage kamen, in einen Satz legen? Ich zitierte den Juwelier, sagte, dass die Häuser noch stehen würden, aber die Bräuche und Traditionen in ihnen nicht mehr verfügbar seien. Aha, sagte der Mann erneut, meinte, mich überführt zu haben: Du bist ein Traditionalist. Ich finde es gut, dass die Traditionen sterben, wer braucht die schon, setzte er nach. Jetzt kommen schöne Frauen regelmäßig in die Stadt, und wir trinken zusammen Wein, manchmal küssen wir uns sogar. Wozu Traditionen aufrechterhalten, die einem das Küssen erschweren?

Die plötzliche Vehemenz und der Vorwurf des Traditionalismus verwirrten mich. Vielleicht hatte der Mann recht. Womöglich hatte ich mich vereinnahmen lassen von der Melancholie des Juweliers und darüber vergessen, dass jede Gruppe dieser Stadt ihre eigene Geschichte des Schmerzes zu erzählen (oder zu schweigen) hatte. Bedeutete meine Suche nach der Möglichkeit des Erinnerns gleichzeitig auch eine Bewahrungstendenz von Traditionen, ebenjenen, denen ich politisch kritisch gegenüberstand und die etwas mit der Geschichte der Gewalt zu tun hatten? »Der Zerstörer der Tradition, der am meisten zu ihrer Bewahrung beiträgt«, heißt eine Aufzeichnung in Canettis *Das Geheimherz der Uhr*. Mit seinem fröhlichen Begehren nach dem Kuss der Touristinnen bewahrte dieser junge Mann vielleicht, so verstand ich den Aphorismus von Canetti, auch die Tradition der Gedächtnislosigkeit. Ich sagte ihm, in der Stadt, in der ich lebe, erinnern goldfarbene Einlassungen im Asphalt vor den Häusern daran, dass hier einmal jüdische Menschen gewohnt hatten, von denen in diesen immer häufiger sanierten und teurer vermieteten Wohnungen nun nichts mehr übrig sei, bis auf jene sogenannten Stolpersteine.

Adorno erinnert in seinem berühmten und für mich in der Zeit nach dem Bekanntwerden einer ganzen Reihe von rechtsradikal-terroristischen Morden in Deutschland so wichtigen Aufsatz »Was bedeutet: Aufarbeitung der Vergangenheit«, dass der Vers in Goethes *Faust* »Und ist so gut, als wär' es nicht gewesen« von Mephisto gesprochen wird. Für Adorno ist im *Faust* die Zerstörung von Erinnerung das »innerste Prinzip des Teuflischen«. »Die Ermordeten sollen noch um das Einzige betrogen werden, was unsere Ohnmacht ihnen schenken kann, das Gedächtnis«, schreibt er an jener Stelle weiter. Er stellt etwas, was er »eine deutsche Entwicklung des Geschichtsverlusts« nennt, einem fehlenden amerikanischen Geschichtsbewusstsein – einer »Geschichtsfremdheit« – gegenüber. Jenes »Schreckbild einer Menschheit ohne Erinnerung« sieht er verknüpft mit den materialistischen Bedingungen der Moderne: Die industrielle Produktionsweise für Märkte bestimmt das Zeitverständnis in den Gesellschaften – »die bürgerliche Gesellschaft steht universell unter dem Gesetz des Tausches«. Der konservative Mensch, der versucht, das Alte zu bewahren, ist dann ebenfalls, wie der zypriotische Soziologe Ulus Baker in einem Aufsatz für die linksintellektuelle Zeitschrift *Birikim* einmal geschrieben hat, ein Phänomen der Moderne: In traditionellen Gesellschaften gibt es ihn nicht, da eine wirkliche Tradition stark genug ist, sich selbst zu erhalten. Erst mit der Aufhebung der Tradition tritt der konservative Mensch auf, dessen Sehnsucht nach dem Vergangenen in Wirklichkeit der Wunsch nach der Beherrschung des Kommenden ist. Dass politische konservative Ideen dazu neigen, faschistoid zu werden, so Baker, hängt damit zusammen, dass die Traditionen, an die Konservative denken, oftmals solche relationaler Zusammenschlüsse sind wie Familie, Volk, Staat.

Adorno referiert in »Was bedeutet: Aufarbeitung der Vergangenheit«, dass die Wirtschaftswissenschaft sowie die Soziologie »das Prinzip des Traditionalismus« der feudalen Gesellschaftsform zugeordnet hätten. Im Gegensatz dazu sei es die bürgerliche Gesellschaft, in der »das Prinzip der Rationalität« herrsche. Er folgert, dass »Erinnerung, Zeit, Gedächtnis von der fortschreitenden bürgerlichen Gesellschaft selber als eine Art irrationaler Rest liquidiert werden«, und vergleicht das mit den Veränderungen von Produktionsbedingungen und -kontexten: Im Zuge der Industrialisierung werden nicht nur handwerkliche Elemente der Produktion abgeschafft, sondern – quasi als Kollateralschaden – auch so etwas wie »Lehrzeit, also des sich Erwerbens von Erfahrung reduziert«. Es ist ein hoher Preis, den eine feudale Gesellschaft, die ins Bürgerliche übertritt, zu zahlen hat. Das heißt nicht, dass es an feudalistischen Verhältnissen festzuhalten gilt, deren Abschaffung den Mann, der hier mit mir diskutierte, so erleichterte. Aber wie das Gedächtnis wachhalten unter materiellen Bedingungen, die es obsolet machen? »Niemand hat sich erinnert an das, was Gott vergaß«, dichtet Karin Karakaşlı im bereits zitierten Gedicht »Geschichte – Geografie«.

Der Markt muss immerzu bereit sein für neue Produkte, die schnell und arbeitsteilig produziert werden, daher die veränderte Wahrnehmung von Zeit unter den materialistischen Verhältnissen der Marktgesellschaft und die Suspendierung von Erinnerung und Gedächtnis aus ihren Funktionen: Die fünfhundert Jahre alte Steinwand wird von Händlern nicht einfach genutzt für Barbies, die Wand existiert nur noch für jene Puppen, sie sind ihr Zweck – wer dieses Haus gebaut, wer hier gelebt hat und unter welchen Umständen die Person verschwunden ist, hat keine Relevanz für das Tauschgeschäft. Im Sinne Bakers entrinnt das konservative Denken nicht aus dieser Entwertung des Gedächtnisses: Was es aus der Vergangenheit rettet, ist nicht das Gedächtnis, es sind Ideen des Ausschlusses.

Der Mann, der mich gefragt hatte, wo ich »ursprünglich herkomme«, hatte mich aus einer progressiven Perspektive versucht zu kategorisieren: War ich für die Regierung oder in Opposition zu ihr, also konservativ oder für Fortschritt? Für die Befreiung der Kurden oder nicht? Nicht eine politische Positionierung, die sogar parallel (und gleichsam vergeblich) versuchen kann, gegen jene Amnesie anzukämpfen, schafft Erinnerung ab. Neben einer (in diesem Fall türkischen) »Entwicklung des Geschichtsverlusts« stellt sich also insbesondere eine »Geschichtsfremdheit« ein, die unabhängig von politischer Positionierung und Motivation durch die Lebensweise, Prioritäten und Nöte, die sich verschieben und ändern, manifest wird: »Wenn die Menschheit der Erinnerung sich entäußert und sich kurzatmig erschöpft in der Anpassung ans je Gegenwärtige«, schreibt Adorno, »so spiegelt sich darin ein objektives Entwicklungsgesetz.«

Mit der Leichtigkeit eines Urlaubers in Zeiten der Globalisierung liquidiert der antitraditionalistische DJ auf den Terrassen jener mesopotamischen Unendlichkeit als eine Art irrationalen Rest »Erinnerung, Zeit und Gedächtnis«.

Ich sagte dem Mann, dass es weniger um das Konservieren von Traditionen gehe und ich sicher nicht daran interessiert sei, das Feudale hier aus der Geschichte zu retten. Nur: Wie tief, wie gehaltvoll sei ein Kuss eines Mundes, der die Geschichte der Gewalt und des Verschwindens jener Menschen und später ihrer Traditionen nicht zu befragen wisse?

Ein Kuss ist ein Kuss, antwortete der Mann, der kurz darauf aufbrach.

Auch ich verabschiedete mich nach dem Tee. Ich nahm das vergnügte Jaulen der Betrunkenen weniger wahr auf dem Weg aus dieser Stadt, aber auch die Türen, die in die unsichtbare Stadt führten, in der die Gegenstände Stimmen hatten, schlossen sich zu dieser Stunde am Abend eine nach der anderen, langsam und gleichmäßig, unbekümmert gegenüber letzten Blicken durch den Türspalt.

Deniz Utlu schreibt Romane und Essays. Bei Suhrkamp erschien gerade sein dritter Roman, *Vaters Meer*, der bereits vor Erscheinen mit dem Alfred-Döblin-Preis ausgezeichnet wurde. Deniz Utlu forscht außerdem am Deutschen Institut für Menschenrechte. Er lebt in Berlin.

Hedwig & Inch
Noemi Y. Molitor

Noemi Y. Molitor (*1981), Maler_in und Redakteur_in, lebt in Berlin. Studierte Gender Studies und Europäische Ethnologie in Berlin und den USA und promovierte zur Erotik der Materialität in der abstrakten Malerei. Ihre Kolumne *Subtext* erscheint alle zwei Wochen in der taz. Texte zu queerer Kunst, Science-Fiction und Postkolonialismus u. a. für CURA, SLEEK, Missy und Sissy.

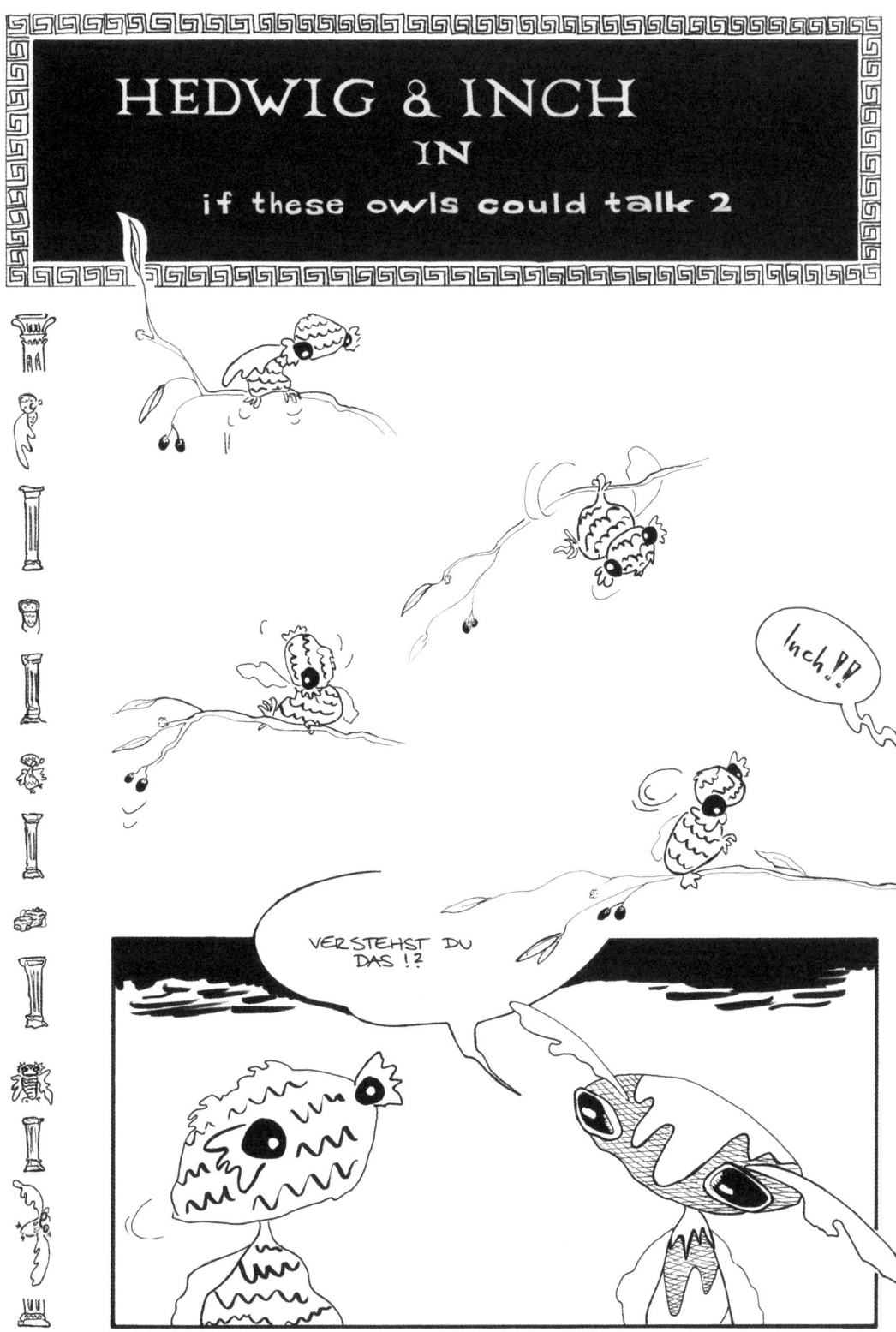

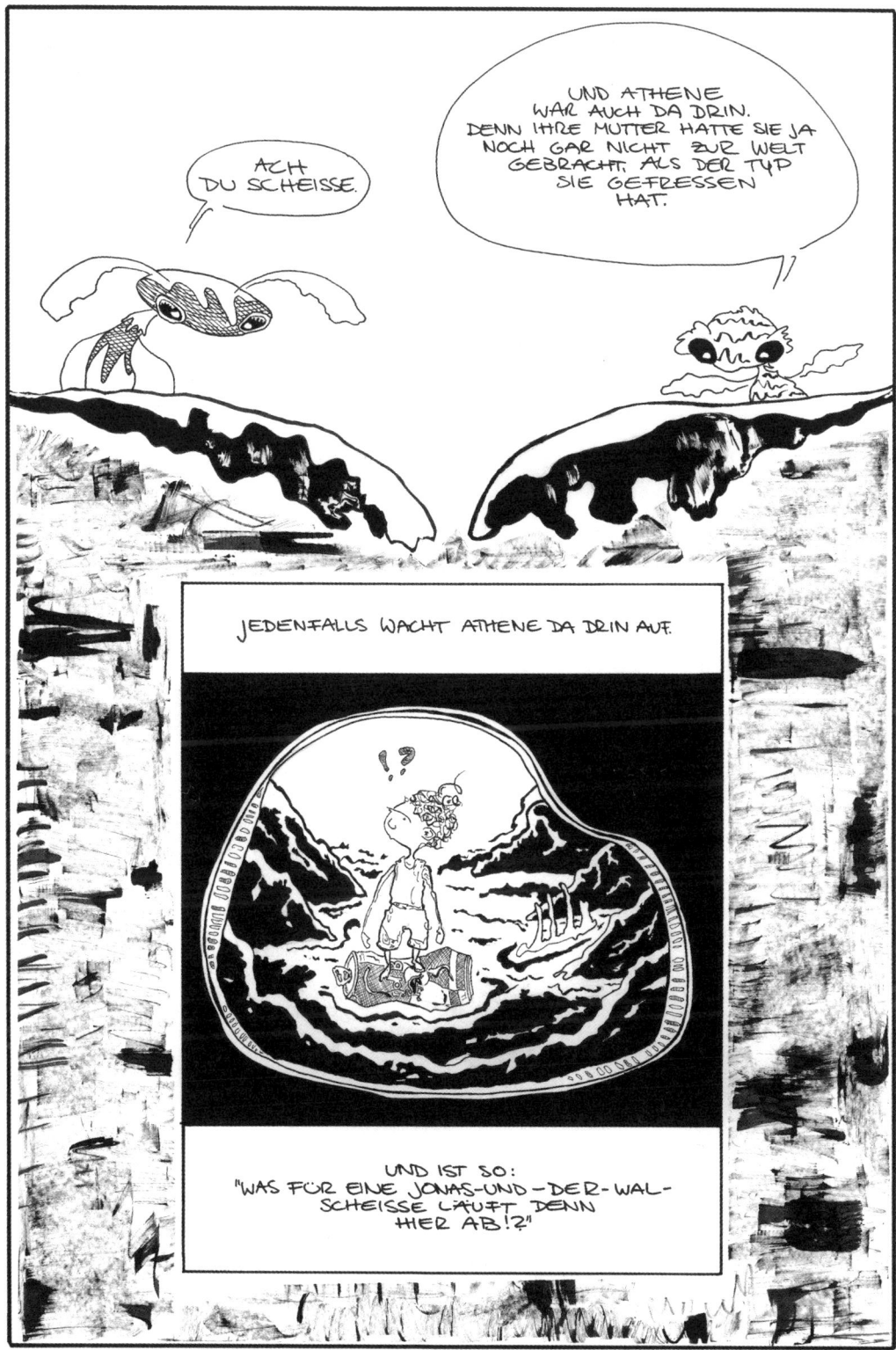

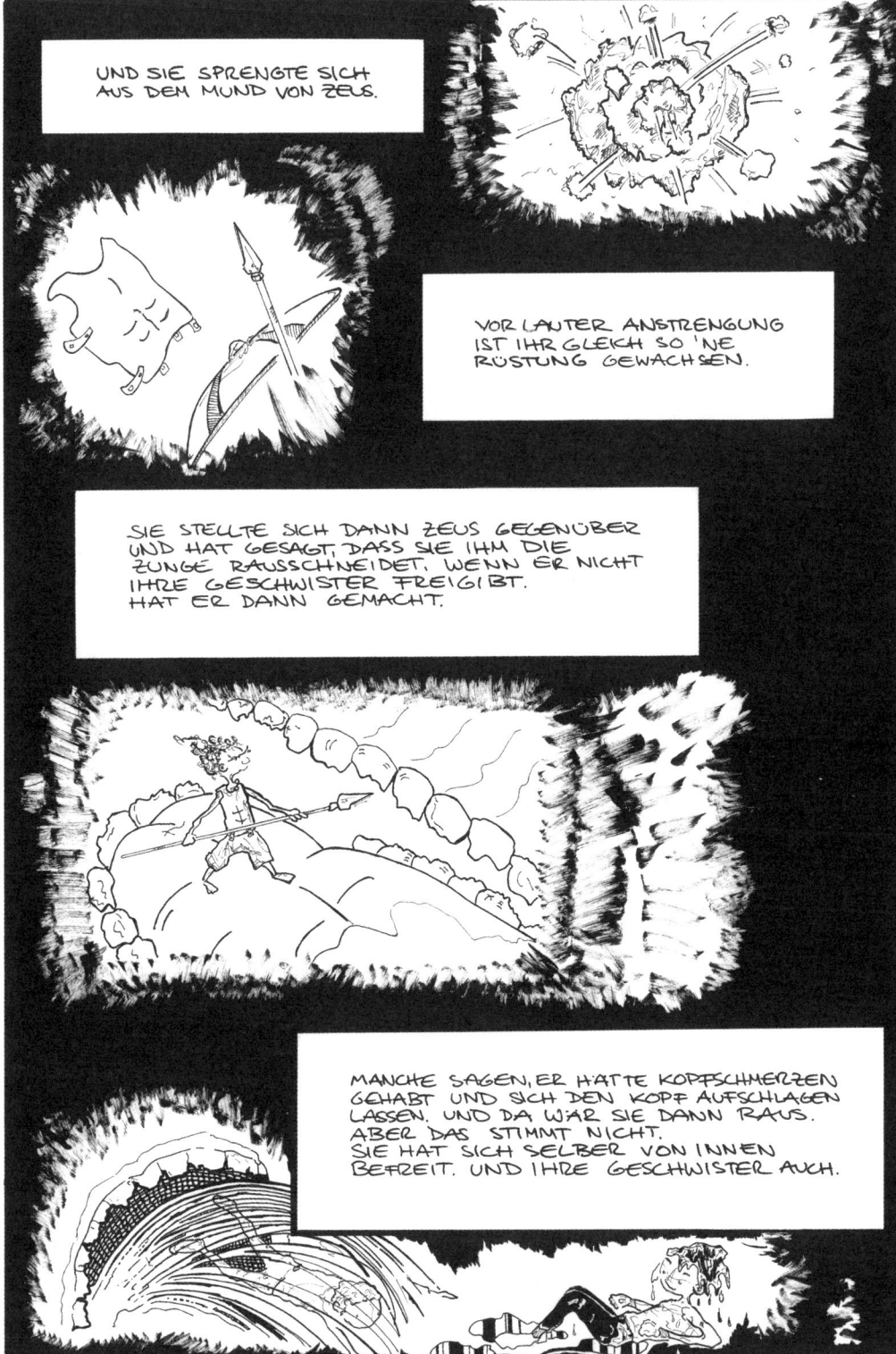

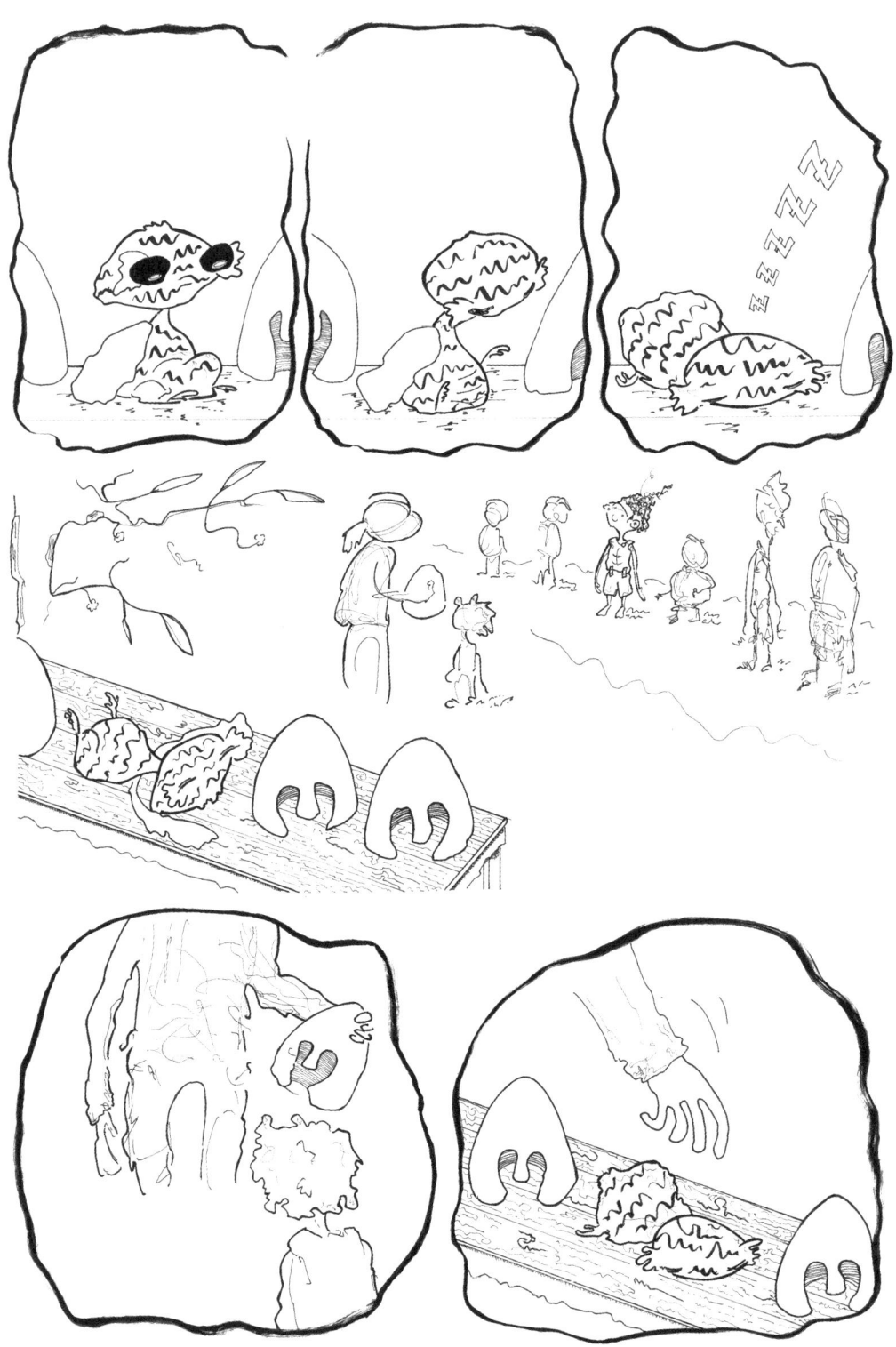

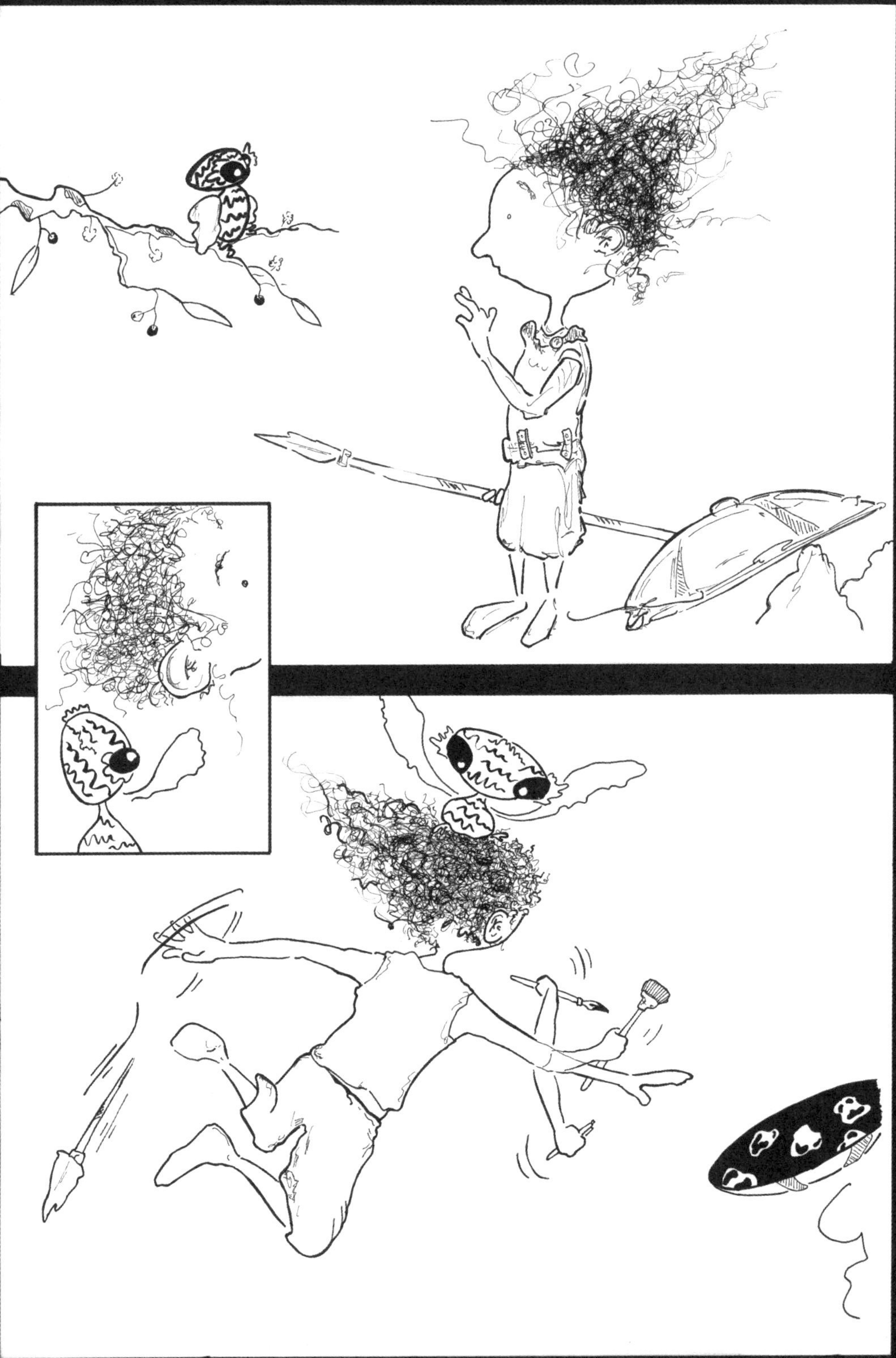

To be continued ...

Vom großen Tod
Enis Maci

Auf einem Berg oberhalb Krujas, der stadtgewordenen Festung, von der aus einmal Christentum und Heimat verteidigt und vorher noch die im Berg heimische Gottheit selbst verehrt wurde, befindet sich heute eines der Gräber des legendären Derwischs Sari Saltuk.

Sein Körper soll in sieben Särgen ruhen. In den Einöden, an den äußersten Rändern: bei den Ungläubigen. In Blagaj und Kruja und Plav und Kaliakra, in Gdańsk vielleicht oder in Andalusien. Wer weiß das schon genau.

Der Rechtsgelehrte Ibn Battuta nannte Sari Saltuk einen ekstatischen Gottgeweihten, obwohl von ihm Sachen gesagt worden seien, die das göttliche Gesetz bestrafe.

Tagelang fahnde ich nach diesen Sachen.

Sari Saltuk war ein Schüler Hadschi Bektasch Velis. Oder ein christlicher Mönch. Oder ein tatarischer Heiliger von der Krim, dessen Lehren von Transdanubien aus ihren Weg nach Europa und wieder zurück ins Empire fanden. Vielleicht war er ein Gotteskrieger. Oder ein Gottesnarr.

Seine Verehrung war ein schmutziger Trick staatlicher Missionare, oder eine Verschmutzung der Staatsreligion. Es ist schwer, etwas über ihn herauszufinden. Historische Quellen sind befangen, zeitgenössische Autoren ratlos.

Die Menschen jedenfalls erkannten Sankt Nikolaus in ihm, der den armen Mädchen Goldmünzen aufs Fensterbrett legte, damit sie eine Mitgift hätten. Und Sankt Spiridon, dessen Knochen in die Mitgift seiner Enkelin eingingen. Und Sankt Georg, der den Drachen, der das Logo der römischen Kavallerie war, mit einer knöchernen Pfeilspitze durchbohrte.

Da röchelt es, das Reich.

Andere sagen, Sari Saltuk sei aus Buchara gekommen.

Von jenseits jenes Flusses also, der damals Oxus hieß und heute Amu-Darja. Hier lebten einmal Buddhisten, Zoroastrier, Manichäer, Christen, Gnostiker und Muslime.

Aus Naim Frashëris *Bektaschiheft*:

Alle Dinge sind im Menschen, sogar der wahre Gott selbst. Als er sich zu erkennen geben wollte, schuf er den Menschen nach seinem Abbild.

Der Mensch stirbt nicht. Er verändert sich bloß und wird anders, und er ist immer nah bei Gott, denn der Vater ist im Sohn versteckt.

Wer Gutes tut, wird Gutes finden. Wer Böses tut, wird Böses finden. Wer der Menschlichkeit entsagt, zeigt sich als Ungeheuer.

Die Bektaschi waren der offizielle Sufi-Orden der Janitscharen, einer Elitetruppe der osmanischen Armee, die sich lange Zeit aus schon als Kindern Zwangsrekrutierten vom Balkan zusammensetzte. Deren Entführungen waren das, was man heute ein Kriegsverbrechen nennt, und vermutlich begingen die erwachsen gewordenen Entführten ebensolche. Im Laufe der Jahrhunderte wurden sich die Janitscharen ihrer Macht bewusst und rebellierten mehrmals, bis die Truppe schließlich zerschlagen wurde. Damit endete die paradoxe Stellung der Mystik im Dienste des Staates.

Die Sonne steht senkrecht über der Stadt, als ich mich zwischen zwei Festumzügen ausruhe. Ich befinde mich anlässlich der Karwoche in Granada. Auf einer Parkbank sitzt eine schwarzverschleierte Büßerin und versucht, ihren großen Zeh aus einer Laufmasche zu befreien. Ein Greis salbt einem jungen Mann den Nacken, der wund ist vom Joch, das er gerade noch trug, gemeinsam mit anderen, verborgen im Bauch eines gewaltigen Gestells, auf dem eine Statue der Muttergottes thront, von weißen Lupinen und Lilien und Gipskraut umkränzt.

Ich lese *Die Brüder Karamasow* und trinke süßen, mit Sprudel versetzten Wein. Auf dem Tisch erscheinen erst winzige Käsebrote, später dann Sardinen in Essig. Diese ganzen ausgedachten Dinge, denke ich: die russische Seele. Das Problem der Allmende. Wertpapiere.

Als meine Eltern nahe Kruja gerade bergauf zu fahren beginnen, nehme ich den Anstieg zur Alhambra, der museumgewordenen Festung, von der aus einmal ein Emirat regiert wurde. Letzter Außenposten eines untergegangenen Reichs. Die Sieger setzten eine Kirche auf das Fundament der abgerissenen Moschee. Sie übermalten die Mosaike und ließen ganze Landstriche neu besiedeln.

1492 endet die Reconquista, und Kolumbus darf endlich aufbrechen. Er sucht eine Seeroute nach Indien, weil das Osmanische Reich den Landweg versperrt. Währenddessen wütet die Inquisition.

Rote Wände, vor denen Iris blüht. Ton, der zerspringt.

Ich denke an die Buddhastatuen von Bamiyan, einen dreiwöchigen Fußmarsch von Buchara entfernt. Kannte Sari Saltuk die in den Fels geschlagenen Buddhas?

Als die Statuen gestürzt wurden, hat jemand ihre Gliedmaßen amputiert. Ein anderer hat sie gekauft. Das als gotteslästerlich Geschmähte, das Zerstörte weist erst durch die Beschädigung sein erhabenes Alter aus. Wird erst durch die Entfernung aus dem öffentlichen Raum, der ein Tal ist, begehrenswert. Der Käufer deponiert den irdenen Arm des Erwachten irgendwo in einem geheimen Hinterzimmer. Es ist nicht klar, was er damit will. Und Jahre später sind es die Statuen Palmyras, die irgendwo da draußen ausgewählten Gästen gezeigt werden. Ich kann mir die Beteiligten nur als Karikaturen vorstellen.

Diese Statuen sind im Moment ihrer profitablen Veräußerung Reliquien eines unbestimmbaren Kultes geworden. Er findet im Privaten statt. Ich weiß nicht, wem er gilt, nur, an was er mich erinnert: an die Bug-out-Häuser der Milliardäre, in denen sie den Weltuntergang auszusitzen gedenken. An Psycho-Workshops, Thema: Wie bändige ich mein Sicherheitspersonal, wenn der Ernstfall eintritt? An die jahrzehntelang unter Verschluss gehaltenen düsteren Zukunftsprognosen der Ölkonzerne. An Trollfarmen und Microtargeting, an Marsmissionen und Spyware und legal gekaufte Pässe und an all die anderen Symptome des großen Todes.

Diese Gegenstände jedenfalls – der Arm eines Buddha, das Haupt einer Gazelle –, sie waren einmal Überbleibsel einer bestimmten Zeit an einem bestimmten Ort. Sie standen in einem Verhältnis zu dem, was sie umgab. Zueinander. Zur Landschaft. Zur Zukunft. Im Moment ihrer profitablen Veräußerung aber werden sie von allem Lebendigen abgeschnitten. Erst jetzt ist er tot, der Stein, der einmal Teil einer Ruine war, eines Denkmals, eines Treffpunkts eigentlich. Erst jetzt wird das Relikt überhaupt zum Gegenstand. Er wird unter der Hand weitergegeben, und an jeder dieser Hände bleibt etwas haften.

Die Muttergottes kriecht einen steilen Hang empor. Applaus in der Gasse, wenn ihre blinden Träger ein besonders anspruchsvolles Rangiermanöver meistern. Um Mitternacht geht das Licht aus. Plötzlich – Schreie: *Guapa! Guapa! Guapa! Viva la madre de Dios!*

In Málaga dann betreten wir ein Devotionaliengeschäft. Wir kaufen in rosa Plastik gefasste funkelnde Ikonen unserer schmerzensreichen Mutter und ihres leidenden Sohns. In einem selbst verschweißten Zellophanumschlag steckt ein Bild des Erzengels Raphael. Darauf klebt

ein kleiner Anhänger. Raphael ist Patron der Reisenden und der Seeleute, der Auswanderer und der Blinden.

Als wir den Anhänger später aus dem Umschlag nehmen und vergeblich versuchen, ein Silberkettchen durch sein Öhr zu fädeln, wird es
uns auffallen. Auf seiner Rückseite ist der Name *Sammuel* eingraviert.

Der Engel Samael, auch Semiel, Sammane, Sammuel, Semael, Sim-
jael, deutsch: das Gift Gottes.

Er rebelliert gegen seinen Schöpfer. Oder er verführt die Menschen,
um die Richtigkeit des himmlischen Weges zu belegen. Oder er waltet
beim letzten Gericht. Andere sagen, er sei blind. Er ist Verteidiger und
Ankläger. Er ist gefallen, aber tut gute Werke. Oder er ist Schöpfer der
schmutzigen Erdenwelt. Es ist schwer, etwas über ihn herauszufinden.
Uneindeutige Übersetzungen. Verschwommene Details.

Worin sich alle einig sind: Er irrt sich.

Am letzten Ferientag sind wir bei einer Taufe. Auf unsere Karte schreiben wir: Es ist Arznei, nicht Gift, was ich dir reiche. Dann legen wir
den Engel bei.

Das Gebetbuch ist ein gefaltetes Stück DIN-A4-Papier. Auf der Rückseite ein gehobener Daumen vor weißen Wolken, darunter der Schrift-
zug: Gott segne euch. Die Kindesmutter kommt aus einer Linie seit
Generationen Ungetaufter. Sie kennt die Lieder nicht und lächelt, wie
man es in einem fremden Land tut.

Enis Maci ist Autorin des Essaybands *Eiscafé Europa* (Suhrkamp 2018)
und einiger Theaterstücke, darunter *WUNDER* (Suhrkamp 2021).
Sie ist Herausgeberin der Bände *Ein faszinierender Plan* (Spector 2021)
und *Filamentous Magic Carpets* (März 2022).

Der Laderaum
Mohamed Mbougar Sarr

Obwohl jetzt der Abend angebrochen war, konnte ich die Gesichtszüge des alten Francis noch immer klar erkennen. Die Nacht war hell:
eine jener Sommernächte, deren Milde nicht dazu angetan war, in den
Häusern zu bleiben, auf denen noch die drückende Hitze des Tages
lastete. Als hätte sie den Abend abgewartet, um sich aus den Mauern
herauszuarbeiten, in die sie sich im Laufe des Nachmittags verkro-
chen hatte, schien die Hitze unter der Zimmerdecke zu hängen, eine
reglose und tyrannische Wolke.

Sobald es dunkel war, hielt es der alte Francis jedenfalls nicht
mehr aus, in dem alten Haus eingesperrt zu bleiben. Er sagte, nur
an diesem Augenblick des Tages offenbare sich dem Menschen die
Wahrheit, die Schönheit und das Mysterium der Welt. Und dennoch
schloss er jeden Abend die Augen, sobald ich ihm den alten Sessel
hinausstellte, auf dem er so viele Stunden verbrachte, und neben ihm
sitzend fragte ich mich dann, ob ihm die Schönheit, die Wahrheit
und das Mysterium wirklich wichtig waren, da er die Welt doch nie
betrachtete, um sie dort zu suchen. Ich verbrachte mehrere Abende
damit, ihn unentwegt anzuschauen, auf den Moment zu lauern, an
dem er die Augen öffnen würde, um die Nacht zu betrachten, sie zu
befragen, sie zu feiern. Doch dazu kam es nie; oder zumindest schlug
er nur die Augen auf – doch schlief er wirklich die ganze Zeit über? –,
um aufzustehen und, nachdem er mir Gute Nacht gewünscht hatte,
ins Haus zurückzugehen, in dem sich die aufgestaute Hitze zuguns-
ten der nächtlichen Kühle allmählich verflüchtigte. Dann war es in
der Regel schon spät, und ich sah ihn erst am nächsten Morgen wieder, wenn er das kleine Behandlungszimmer herrichtete, in dem er
seine Patienten empfing.

Diese Nachtwachen verliefen in tiefer Stille. Genau deshalb liebte
ich sie. Ich war nicht sehr gesprächig, und der alte Francis ebenso
wenig. Nach einem Arbeitstag, an dem er Dutzende Patienten empfangen, beraten, behandelt hatte, verstand ich gut, dass er schweigen
wollte. Ich war ihm deshalb nicht böse. Im Gegenteil, ich liebte es, ihn
dabei zu betrachten, wie er still, mit geschlossenen Augen, dasaß. In
den Falten und Spuren, die das Alter in seinem Gesicht hinterlassen

hatte, sah ich Abenteuer, Schmerzen, Glanzleistungen, Heldentaten. Ich träumte davon, während ich ihn anstarrte.

Auch an diesem Abend betrachtete ich ihn. Abgesehen von der Bewegung seiner Brust, die sich im Rhythmus einer ruhigen Atmung hob und senkte, rührte er sich nicht. Im Halbdunkel und in der Stille sah er aus wie die Skulptur eines griechischen Gottes.

Tief in meine Träume versunken, hatte ich zuerst gar nicht bemerkt, dass er die Augen geöffnet hatte und mich anstarrte. Ich schreckte auf, und mein Erschrecken verriet, dass ich plötzlich wieder in der Wirklichkeit gelandet war, und ich staunte, als ich ihn wach sah und er mich mit seinem Blick sezierte:

»Hab ich dich so sehr erschreckt?«

»Nein«, stotterte ich, »nein. Ich war nur überrascht, Sie mit offenen Augen ...«

»Mich wach zu sehen?«

Verwirrt erwiderte ich nichts. Zu meiner Erleichterung – als fiele eine Last von mir – hörte er auf, mich zu fixieren, und wendete sich den Gehölzen zu, die auf der anderen Seite die Straße säumten, an der das Haus lag. Die dunkle Masse der Bäume wiegte sich im Wind. Ich stellte verwundert fest, dass ich dieses Schauspiel nie beachtet hatte, dabei mangelte es ihm nicht an Schönheit.

»Ich muss dir ziemlich seltsam vorkommen, da du mich all die Nächte so ansiehst. Für dein Alter bist du, glaube ich, viel zu geduldig. Mit zwanzig war ich hinter den Mädchen her.«

»Gibt nicht viele in der Ecke hier.«

»Woher weißt du das? Du suchst ja nicht einmal.«

Es war das erste Mal, dass wir eine so lange Unterhaltung führten, seit wir vor zwei Monaten begonnen hatten, die Abende gemeinsam draußen zu verbringen. Er sah weiter unentwegt zu den Bäumen. Seine Stimme klang so dunkel, als käme sie aus den Tiefen einer Höhle.

»Haben Sie heute Nacht das Mysterium, die Wahrheit und die Schönheit gesehen?«

Die Frage war einfach so aus mir herausgeplatzt; mir entschlüpft, eigentlich hatte ich sie nicht stellen wollen. Er drehte sich zu mir, betrachtete mich einen kurzen Augenblick intensiv, dann brach er in schallendes Gelächter aus, das bald in einen Hustenanfall überging und schließlich endete. Ich reichte ihm ein Glas Wasser, das er in einem Zug leerte, dann lehnte er sich in seinem Sessel zurück. Wieder schloss er die Augen, doch huschte ein Lächeln über seine Lippen wie eine Spur seiner soeben verebbten Heiterkeit.

»Das Mysterium, die Wahrheit und die Schönheit ... die sehe ich seit vierzig Jahren jede Nacht wieder, mein Junge, auch heute Nacht.«

»Sie sehen sie wieder?«

»Ich sehe sie wieder.«

»Und wie sieht das aus?«, fragte ich schelmisch, überrascht von der plötzlichen Ungezwungenheit im Umgang mit diesem verschwiegenen Mann.

»Bist du sicher, dass deine Schultern stark genug sind für das, was du hören wirst?«

Die Frage kam mir seltsam vor: Die Betonung seiner Worte, das Lächeln auf seinem Gesicht, der Blick, den er mir in diesem Augenblick zuwarf, hatten etwas Beunruhigendes.

»Ob meine Schultern ausreichen, weiß ich nicht, aber meine Geduld reicht, wie Sie vielleicht bemerkt haben.«

»Ausgezeichnet.«

Sofort kehrte der erhabene Ernst in das Gesicht des alten Francis Henry zurück. Er machte es sich in seinem Sessel bequem und begann mit seiner tiefen Stimme seinen Bericht.

»Ich war Hilfschirurg auf der *Commander*, einem berühmten Handelsschiff jener Zeit. Weißt du, was ein Handelsschiff ist? Ja, gut. Ich war ungefähr dreißig, ich hatte gerade mein Medizinstudium abgeschlossen, es gab keine Arbeit im Land, und sogar diejenigen, die welche hatten, bekamen einen Hungerlohn. Der einzige Bereich, der in jenen Jahren wirklich florierte, war der Handel. Gerüchte besagten, er würde bald eingeschränkt werden, Gesetzestexte seien in Vorbereitung, Leute würden dafür kämpfen, ihn abzuschaffen, doch paradoxerweise blühte das Gewerbe wie nie zuvor. Dazu muss man sagen, dass diesen Gerüchten eigentlich niemand mehr Glauben schenkte: Sie waren seit Jahren im Umlauf, ohne dass sie sich irgendwo niederschlugen. Und wie auch? Wie hätten sie einer jahrhundertealten Praxis ein Ende setzen können? So dachte man. Niemand, das musst du dir immer vor Augen halten, glaubte an diese Regulierung und noch weniger an eine Abschaffung, niemand wollte daran glauben. Der Handel war nicht mehr nur eine Randerscheinung der Gesellschaft oder auf wenige Menschen beschränkt, er war unmerklich, denn anscheinend hatte niemand Notiz davon genommen, in die Familien, die Gewohnheiten, das Denken eingesickert. Es gehörte zum Denken des Landes, seiner tief verwurzelten Identität, wenn du so willst. Man sagte – und ich weiß, wie schwer es ist, sich das vorzustellen, denn es ist erst vier Jahrzehnte her –, es würde noch Jahrhunderte so weitergehen, es liege quasi in der Ordnung der Dinge. Wie ein Gebot Gottes. Dich schaudert? Kann ich verstehen. Es erscheint unwirklich und lange zurückzuliegen, und doch war es erst gestern und ist so gewesen, wie ich es dir sagte.

Einer meiner Onkel war Mitbesitzer einer bedeutenden Handels-
flotte. Nachdem er durch seine Schwester, meine Mutter, von meiner
Situation Wind bekommen hatte, bot er an, mich als Sanitäter auf einem
seiner Schiffe anzustellen. Ich nahm natürlich an. Ich erinnere mich, wie
stolz meine Mutter an jenem Tag war: Ich würde am Lauf der Geschichte
teilhaben, am göttlichen Plan mitwirken und, vor allem, reich werden!
Ich war jung, arm, gierig nach Abenteuern und der weiten Welt. Ich
wollte den Handel wirklich kennenlernen. Ich hatte keine Meinung
dazu, verstehst du. Ich war ein Sohn des Landes, hatte den Kontinent
nie verlassen. Was ich darüber wusste, war mir erzählt worden mit allem,
was an Übertreibung, Fantasmen, Lüge damit einherging. Und das war
es. Die Frage, ob es gut oder schlecht war, moralisch oder schändlich,
menschlich oder unmenschlich, stellte sich nicht. Oder zumindest noch
nicht in solchen Begriffen. Eigentlich wusste ich nichts darüber. Es war
mir fremd – nicht gleichgültig, aber fremd – und dennoch so nah. Ich
fragte mich nur, was es war, warum es so viel Leidenschaft hervorrief.
Ich möchte, dass du das verstehst. Ich war kein Ungeheuer, ich hatte
ein Herz. Aber ich war ahnungslos, und ich stellte mir gewiss nicht die
Fragen, die man hätte stellen müssen. Unwissenheit ist die einzig wahre
Todsünde. Die sieben anderen sind Kinkerlitzchen.

Aber lassen wir das. Ich hatte also auf der *Commander* angeheuert.
Ich kann dir sagen, an Bord war es das reinste Fest. Wir stürzten uns
ins Abenteuer, fröhlich und überzeugt von der absoluten Notwendigkeit unseres Tuns. Wir hatten recht, ungeheuer recht. Wir standen auf
der Seite des Gesetzes; besser: Wir waren ihm verpflichtet. Gott wollte
es so, und folglich führte er uns. Während der gesamten langen Über-
fahrt zu den afrikanischen Küsten, an denen wir die Ware einsammeln
und mitnehmen sollten, schien die Sonne. Es kam ziemlich selten vor,
dass sich eine ganze Fahrt über gutes Wetter hielt. Diejenigen an Bord,
die besonders abergläubisch waren – also fast alle –, werteten es als
ein Zeichen. Der Priester, der uns begleitete, verkündete unaufhörlich
mit lächerlicher Emphase: ›*In hoc signo vincemus.*‹

Drei Wochen später legten wir an den afrikanischen Küstenhäfen
an, luden die Ware an Bord, und ich nutzte die Tage, bis wir zurück-
fuhren, um die Herrlichkeiten dieses Kontinents zu entdecken. Wir
waren sicher, dass die Rückreise ebenso ruhig und hochgestimmt sein
würde wie die Hinfahrt.

Dem war nicht so.

In der Nacht nach unserer Abfahrt brach ein furchtbarer Sturm los.
Es gab zahlreiche Materialschäden, dazu waren mehrere Männer der
Mannschaft verletzt: Der Sturm war plötzlich aufgekommen und bru-
tal gewesen, er hatte ein paar Unvorsichtige überrascht, die noch mit-

ten in der Nacht auf der Brücke herumlungerten. In dieser Nacht war ich für verschiedene Behandlungen sehr gefragt.

Der Kapitän unseres Schiffes, ein Mann, dem man seine große Rohheit ansah, obwohl sein Gesicht eine Ruhe ausstrahlte, die mir immer verdächtig war, dieser Mann also – er hieß Mark – forderte, sobald der Sturm sich legte, man solle den Laderaum öffnen, um nachzusehen, ob ›die Ware keine größeren Schäden genommen‹ habe. Genau das hat er gesagt. Er nahm fünf Männer mit, und als sie hinuntergehen wollten, ließ er mich rufen.

›Es gibt immer welche, die bei ihrer ersten Seereise verletzt werden‹, sagte er. ›Wissen Sie, sie sind es nicht gewohnt, auf einem Schiff zu reisen. Sie kennen es nicht. Stellen Sie sich also vor: auf hoher See und dazu noch mitten in einem schweren Sturm! Es würde mich nicht wundern, wenn wir Tote fänden. Ich habe das schon einmal erlebt. Bereiten Sie sich darauf vor, Mr Henry.‹ Mit diesen Worten gab er den Männern, die aus mir damals unerfindlichen Gründen bis auf die Zähne bewaffnet waren, das Zeichen hinabzusteigen.«

Der alte Francis hielt eine Weile inne, als wollte er seine Erinnerungen versammeln oder als erforderte das, was er erzählen wollte, eine besondere Konzentration. Die Dunkelheit war undurchdringlicher geworden, und ich hatte von nun an Mühe, seine Gesichtszüge zu erkennen. Dennoch spürte ich, mehr als ich es hörte, wie er tief Luft holte, bevor er weitererzählte.

»Es hatte genügt, einige Stufen der Treppe zum Laderaum hinabzusteigen, um endlich zu erkennen, was wir in Wirklichkeit taten. Ein abscheulicher Geruch von Moder, faulendem menschlichen Fleisch, Unrat, entzündeten Wunden, Erbrochenem, Schweiß, der diesen winzigen Raum ausfüllte, schnürte mir die Kehle zu; hätte es nicht den Funken Stolz oder Mut gegeben, den ich mir durch die Anwesenheit der anderen Männer bewahrte, wäre ich zweifellos die Treppe zurück hochgerannt und geflohen. Jeder Quadratzentimeter dieses düsteren Orts schien diesen surrealen Geruch auszudünsten, von dem ich dir nicht die leiseste Ahnung vermitteln kann. Es war eine Welt für sich auf dem Schiff, ein isolierter Bereich, eine unwirkliche, unvorstellbare Welt, ein utopisches und dennoch reales Gelände mitten auf ein und demselben Schiff. Die Hitze, die sich mit diesen Ausdünstungen vermischte, sie durch eine geheimnisvolle physikalische und chemische Eigenschaft noch steigerte, machte diesen Ort endgültig zur Hölle. Instinktiv hielt ich mir die Hand vor den Mund, um mich nicht zu übergeben. Doch die anderen Männer stiegen immer tiefer in dieses Kellerloch hinab, als röchen sie nichts, als wären sie das alles gewohnt. Nach einem kurzen Zögern war ich gezwungen, ihnen zu folgen.

Drinnen das Gewimmel der Ware: Schnaufen, überall Schnaufen, Röcheln, Stöhnen, Seufzer, Gemurmel, Schreie der Wut, des Wahnsinns, der Angst, ein erbärmliches Jammern, mal klagende, mal hitzige Worte in einer barbarischen Sprache – war es überhaupt eine Sprache? – nahmen uns zunächst in Empfang. Dann verstummte das alles allmählich, und die Ware schwieg, versank wieder in der Stille. In der ursprünglichen Stille der Welt, hätte man meinen können, in der des Chaos; das alles kam mir ungeheuerlich, bedrohlich, abscheulich vor. Mehrmals glaubte ich, ich würde ohnmächtig werden. Hier war der Tod zur Welt gekommen.

Es dauerte nicht lange, bis jemand, ich glaube, es war Mark, eine Fackel entzündete, deren schwaches Licht er über den lebendigen Gegenstand wandern ließ, der sich zu unseren Füßen ausbreitete. Ich sah dort nichts als Körper, Haut, schwarz, dunkel, finster; von der Fackel beleuchtet erschienen vor mir Gliedmaßen, Hände, Beine, Brüste, Münder; dann huschte dieses flüchtige, gebündelte Licht über den Eisenglanz von tausend Ringen, die eine Kette bildeten und bei jeder Bewegung laut aneinanderstießen … Ich sah tausend Augen, und in diesen Augen eine Anspannung zwischen Angst und Wut, grauenvoll und unerträglich. All diese Blicke waren auf mich gerichtet, ich spürte sie bis in meine Knochen, sie wühlten in mir und stellten mir die Frage: ›Wer bist du, und von wo siehst du uns an?‹ Die Fackel wanderte weiter, riss mich von den Blicken der anderen los. Aber die Ware war da: Sie lebte, sie atmete, sie war menschlich – oder nahezu. Ich stand dort eine ganze Weile wie versteinert; seltsamerweise – das ist mir erst später zu Bewusstsein gekommen – roch ich den Gestank nicht mehr. Ich war wie alle, die in diesem Kellerloch steckten, ein Teil davon geworden: Ich gehörte zu ihm, ich war das Kellerloch, es verkörperte sich in mir. Ich stank wie alle anderen.

›Mr Henry! Kommen Sie hierher, ich glaube, hier ist einer in einem schlechten Zustand.‹

Ich ging weiter in die Tiefe des Laderaums, von wo die Stimme zu kommen schien und wo ich Umrisse erkennen konnte, die stehenden menschlichen Silhouetten glichen. Die Fackel war vermutlich gelöscht. In diesem Augenblick zweifelte ich sogar daran, ob sie je gebrannt hatte, und sogar, ob es in diesem Laderaum jemals Licht gegeben hatte. Vielleicht hatte ich es geträumt … Und diese menschliche Masse zu meinen Füßen? War auch sie eine Wahnvorstellung? Völlig durcheinander ging ich auf Mark und seine Männer zu. Die Stille war vollkommen; unterbrochen nur vom gewaltigen Schnaufen, diesem gewaltigen menschlichen Ein- und Ausatmen aller in der Finsternis des Laderaums zusammengedrängter Brustkörbe. Während ich auf den Kapitän zuging, stieß ich bei jedem Schritt an etwas: an ein Bein, einen Arm, vielleicht an einen Kopf. Allmählich gewöhnten sich meine Augen an die Dunkelheit, und es gelang mir, Einzelheiten zu erkennen: die Muskeln der Männer, die Brüste der Frauen, die Bäuche, alles. Als ich ganz hinten im Laderaum ankam, sah ich Mark, von seinen Männern umringt, der sich über eine dunkle Gestalt beugte.

›Es ist eine Frau. Sie ist schwanger. Oder war schwanger, das müssen Sie mir sagen.‹

Im Halbdunkel konnte ich Marks Blick nicht sehen, aber in seinen Worten spürte ich seinen ganzen Hass, seine ganze Verachtung, seine ganze Brutalität, kurz, seine ganze Dummheit.

Es war in der Tat eine schwangere Frau. Ich brauchte nur kurz, um mich zu vergewissern, dass sie tot war. Wortlos richtete ich mich auf. Die anderen verstanden.

›Nehmt sie und werft sie ins Meer. Das gibt zwei Mahlzeiten auf einmal.‹

Marks Handlanger gehorchten mit schallendem Gelächter. Doch kaum hatten zwei von ihnen die Frau an den Handgelenken und den Fesseln hochgehoben, geschah etwas ziemlich Außergewöhnliches, das sich nur in diesem Moment in diesem Laderaum abspielen konnte.«

Dem alten Francis versagte die Stimme, so sehr nahm es ihn mit. Lange Minuten vergingen, ohne dass er etwas sagte. Ich fürchtete sogar, er könnte wieder eingeschlafen sein, aber ich rührte mich nicht, auch ich war von dem Gefühl überwältigt, das sein ganzes Herz erfüllt zu haben schien. Aus Anstand hatte ich dann so lange gewartet, wie er brauchte, um weiterzuerzählen. Er war Herr des Berichts, bei dem er mich an Bord geholt hatte. Von diesem Moment an sah ich übrigens nur noch seine in Dunkelheit gehüllte Silhouette.

»Sie standen auf«, fuhr er nach seinem endlosen Schweigen schließlich fort, »sie standen auf, als wären sie ein einziger Mensch, und umzingelten uns. Sie sagten kein Wort, es lag keinerlei Feindseligkeit in ihrem Tun. Sie standen einfach gemeinsam auf unter lautem Scheppern der Ketten, das verstummte, sobald sie sich aufgerichtet hatten. Zuerst wussten wir vor Überraschung nicht, wie wir reagieren sollten: Wir waren sieben Männer, umringt von hundert anderen, und saßen in der Falle. Sie hätten uns töten können, wenn in ihnen der Wille dazu aufgekommen wäre; es hätte genügt, sich auf uns zu werfen, um uns zu ersticken, zu erschlagen, zu erdrosseln. Doch sie blieben einfach reglos stehen. Nachdem die ersten Schrecksekunden vorüber waren, befahl Mark seinen Männern, ihre Waffen zu entsichern und auf die Menge zu richten. Sie gehorchten, doch die Fiebrigkeit, mit der sie dem Befehl nachkamen, konnte nur von ihrer Angst herrühren. Neben mir bebte Mark: nicht vor Angst, sondern vor Zorn, Wut, tierischer Anspannung. Ich vernahm das widerliche Geräusch seines Adamsapfels, das Pochen in seiner Kehle, während er ständig seinen Speichel hinunterschluckte. Dann stellte sich wieder Stille ein. Die fünf Männer, im Kreis aufgebaut, richteten die Gewehre auf die Menschenmenge, die uns einschloss; und in der Mitte dieser lächerlichen Mauer aus Gewehren standen Mark und ich.

Diese stumme und schreckliche Konfrontation dauerte einige Minuten; dann erhob sich eine Stimme irgendwo in der Menge von Leibern, die uns umringte.

Es war eine Frauenstimme. Ich kann dir sagen, mein Junge, dass ich bis heute nichts so Melodisches, Liebliches, Schönes gehört habe. Sie sang etwas, das ich nicht verstand, diese Sprache war jedoch nicht die barbarische, die ich gehört hatte, als ich diesen Ort betrat; es war eine fremde Sprache, die ich dennoch spüren konnte, da sie sich an mein Herz richtete. Es war die Sprache des Gefühls, und ich verstand sie. Begreifst du, was ich sagen will? Ihre Stimme schien geradezu aus dem Himmel zu kommen, als gehörte sie einem Engel oder sogar Gott. Mit ihrem weichen Klang streichelte sie eine traumhafte Melodie von unmenschlicher Klarheit. Ja, das ist das richtige Wort: diese Stimme war unmenschlich. Sie war von unmenschlicher Schönheit, schlug mich in ihren Bann. Der monotone Gesang traf mich voll ins Herz. Es war ein Lied, ein echtes Lied, etwas, von dem ein magischer Zauber ausging, eine unfehlbare Brillanz, ein unendlich tiefes Gefühl. Stell dir den Widerhall eines solchen Gesangs und einer solchen Stimme im dunklen Laderaum eines Schiffes vor, wo ein paar Menschen andere verkauften, stell dir die Kraft dieser Melodie mitten auf dem Ozean vor: Darin lag eine gewisse Dramatik, das Drama der Welt, ein Drama, in dem tiefste Erniedrigung und Erhabenheit aufeinandertrafen. Das war … das war … Ich verzichte darauf, es dir zu beschreiben. Der Gesang entfaltete seine Poesie aus wer weiß wie langer Zeit, als ich neben mir Mark brüllen hörte:

›Ruhe! Ruhe! Bringt sie zum Schweigen! Schießt!‹

Keiner der Männer wagte es zu gehorchen.

›Schießt, ihr Dummköpfe, schießt irgendwohin, egal wo! Sie soll still sein! Die halten sich für intelligent! Bändigt diese Primaten!‹

Ich spürte den Wahn in seiner Stimme keimen. Ohne seine Gesichtszüge klar zu sehen, stellte ich mir vor, wie angespannt, entstellt sie von der Bestialität waren.

Keiner der Männer schoss. Der Gesang erhob sich weiter, noch überirdischer, noch poetischer als zuvor.

Mit einer brutalen Geste ergriff Mark daraufhin das Gewehr eines seiner Männer, zielte damit irgendwo in die Menge und drückte ab. Ich

sah einen Körper rückwärts umfallen. Der Knall hatte den Laderaum
mit schrecklichem Lärm erfüllt, doch als dieser verhallt war, hörten
wir wieder den Gesang, der zudem an Kraft gewonnen hatte. Er schien
noch stärker, noch schöner, noch unzerstörbarer zu sein. Mark lud
nach, schoss, ein anderer fiel um. Der Gesang brach nicht ab. Bald
war es nicht mehr nur eine Stimme, sondern die Stimmen aller Menschen, die uns umringten, die in die Hymne einstimmten; und diese
gewaltige menschliche Stimme erfüllte den Laderaum und verwandelte ihn in einen Himmel. Mark schoss noch einmal, traf niemanden,
sein Gewehr blockierte; vor Wut rasend warf er es weg und stürmte
fauchend schnurgerade davon, spaltete die Menge der Menschen, die
nicht versuchten, ihn aufzuhalten, und sich ihm mit keiner feindse-
ligen Bewegung entgegenstellten, dann verließ er den Laderaum mit
Schreien, die denen eines großen wütenden Affen glichen. Sein Gefolge,
von Angst zermartert, ließ die Waffen sinken und folgte ihm auf den
Fuß. Ich schielte nach den Waffen: Sie schienen so lächerlich, so läp-
pisch zu sein bei all dem, was sich gerade abspielte ...

Dennoch sangen sie weiter. Ich blieb reglos inmitten der Leute stehen, die ich nicht kannte, seitdem spürte ich jedoch ihre tiefe Menschlichkeit.

Die Ware war lebendig; sie war lebendiger als wir alle. Ich schloss
die Augen und ließ mich von den letzten Klängen des Gesangs wie-
gen, von dem ich fühlte, dass er bald enden würde. Ich täuschte mich
nicht: Wenige Sekunden später verstummten diese Menschen. Die
Frau, die das Lied angestimmt hatte, beschloss es mit rätselhaften
Worten, die sie wie Beschwörungsformeln psalmodierte. Und während
sie ihre Litanei ausstieß, stampften die anderen mit ihren Fersen auf
den Boden, schufen einen Rhythmus von fremdartiger Schönheit ...
Dann setzten sie sich wieder so abrupt, wie sie aufgestanden waren,
und wahrten wieder Stille. Das alles hatte vier oder fünf Minuten
gedauert. Ihr Lied war in der Nacht erklungen und dann verstummt,
als wäre eine Sternschnuppe über den Himmel gezogen. Während
des Gesangs, von dem ich nicht wusste, ob er improvisiert war oder
nicht, war ich wortwörtlich außer mir gewesen, oder besessen, ich
weiß es nicht mehr. Etwas hatte sich gewendet, ja, gewendet, wie bei
einer Revolution.

Sie hatten sich gerade wieder hingesetzt, als Mark mit fünfzehn
schwer bewaffneten, mit brennenden Fackeln ausgestatteten Männern
von Neuem in den Laderaum eindrang.

›Mr Henry? Sind Sie da?‹

›Ja, hier bin ich.‹

›Am Leben?‹

Ich antwortete nicht und wendete mich dem Leichnam der Frau zu. Hatten alle diese Menschen für sie gesungen? Und was hatten sie gesungen? Ich hätte es nicht sagen können. Niemand hätte es sagen können. Mark kam zu mir, während die anderen Männer auf bedrohliche Weise die Waffen auf die wieder fügsame Menschenmenge zu ihren Füßen richteten.

›Ich weiß nicht, was passiert ist. Sie sind verrückt geworden, so etwas ist mir noch nie vorgekommen! Und Gott weiß, wie viele Wilde ich schon transportiert habe!‹

Ich hätte etwas erwidern sollen, aber es war nutzlos. Ich ließ ihn mit seinen Männern stehen und stieg wieder an Deck. Dort atmete ich in tiefen Zügen die Seeluft ein. Die Nacht war noch nicht zu Ende, wenngleich ich den nahenden Morgen spürte. Einige Minuten später kamen Mark und seine Männer herauf und schlossen den Laderaum wieder.

Ich bin auf der ganzen Reise nie mehr dorthin zurückgekehrt. Ich erfuhr nie, ob sich dasselbe noch einmal wiederholt hatte. Ich bin mir allerdings sicher, dass der Kapitän und die fünf Männer, die der Szene in jener Nacht beigewohnt hatten wie ich, es sorgfältig vermieden, an Bord darüber zu sprechen. Ich tat es ebenso wenig. Um ehrlich zu sein, du bist seit vierzig Jahren der Erste, dem ich davon erzählt habe … Während der übrigen Reise ereignete sich nichts Nennenswertes mehr, doch sobald wir zurück waren, gab ich zum Leidwesen meiner Mutter und meines Onkels meinen Posten als Hilfschirurg auf und suchte eine andere Arbeit.«

Er hielt inne, atmete laut aus, als hätte er eine große Anstrengung vollbracht, und begann dann wieder zu sprechen.

»Von da an wusste ich, was der Handel war. Ihn zu erleben, hat mich angewidert und verfolgt. Doch ohne diese einzigartige Erfahrung hätte ich meine Zeit auf dieser Erde wie so viele andere Dummköpfe verbracht und nie etwas über die Schönheit, das Mysterium oder die Wahrheit der Welt erfahren. Ich lernte es während des Gesangs im Laderaum in jener Nacht. Diese Leute dort weigerten sich, indem sie sangen; der Gesang war ihr Überleben, und er reichte aus, um die ganze Hässlichkeit der Welt zu leugnen. Was ist aus ihnen geworden? Sicher dasselbe wie aus all den anderen, die ihnen vorausgegangen sind: Arbeiter auf den Baumwollfeldern, den Kaffeeplantagen. Sklaven. Untermenschen. Doch für mich werden sie immer Riesen sein. Die alle anderen Menschen überragen. Dank ihrer war der Laderaum einige Augenblicke kein Laderaum mehr, sondern ein Gotteshaus.

Seitdem verwende ich jede Nacht darauf, mich an diesen Gesang zu erinnern, an seine Melodie, an seinen Text. Ich wiederhole ihn tausendfach, ich grüble darüber nach, gehe ihn immer wieder durch. Das habe ich seitdem jede Nacht getan. Glaub mir, jede Nacht. Ich habe keine einzige versäumt. Ich würde mir das nicht verzeihen, es wäre eines Menschen nicht würdig gewesen. Es verfolgt mich so sehr, dass es genügt, abends die Augen zu schließen, um mich wieder genau dort zu befinden, wo der Gesang, getragen von dieser Frauenstimme, erklang. Es war majestätisch, edel, groß und dennoch zugleich sehr bescheiden. Das möchte ich nicht vergessen, verstehst du? Ich möchte das nicht vergessen, denn das Leben ist für mich genau das: eine Hölle, die, ohne es zu wissen, einen Samen des Paradieses in sich tragen kann.«

Der alte Francis verstummte, und angesichts seines Schweigens wusste ich, dass er an diesem Abend nicht mehr sprechen würde. Er hustete ein wenig und murmelte so etwas wie einen Fluch. Dann stand er wortlos auf, die Schultern leicht nach vorn gewölbt, und ging langsam davon.
    Als er ins Haus trat, wo es inzwischen kühler geworden sein musste, meinte ich zu hören, wie er eine tieftraurige Melodie vor sich hin pfiff.

Mohamed Mbougar Sarr ist Autor von drei Romanen und lebt in Paris. Für sein letztes Werk, *Die geheimste Erinnerung der Menschen*, das in deutscher Übersetzung bei Hanser erschien, erhielt er 2021 den renommierten Prix Goncourt.

Holger Fock und Sabine Müller übersetzen seit den 1990er-Jahren gemeinsam französische Literatur, u. a. Patrick Deville, Mathias Énard, Alain Mabanckou, Olivier Rolin, Mohamed Mbougar Sarr und Antoine Volodine. Für ihre Arbeit wurden sie 2011 mit dem Eugen-Helmlé-Übersetzerpreis ausgezeichnet.

An meinen Hund Tofu während des Blizzards vom 18. Dezember 2020

Ocean Vuong

Spät im Vergnügungstempel
verlor ich den alten Traum vom Erwachen
den der Tod gewährt. Ich war so
dumm mit dem *Falls* ein menschliches
Loch zu scharren. Dunkel hier drin aber nicht
unsichtbar. *Na gut* sagte ich
mir dann *ändere ich mein Leben*. Doch
der Staat lehnte ab. Am Ende
hab ich mit jedem gefickt
in Unterhose allein
bei Handylicht. Ich glaube
langsam das ist
gut. Menschen mit dem Gesicht
nach unten zu lieben.
Ich höre Platten
& heule. Nein gelogen ich war gar nicht
nur in Unterhose. Ich
trug ein Basecap
(Typ Weltkriegsveteran) & es fühlte
sich so wirklich an. So zart & erniedrigt
vor akademischer Freiheit
ging ich raus & fuhr den ganzen Weg
mit meinem Rad. Es war eine Art
Renaissance. Hatte ich die Kindheit
doch damit vertan mir einen
Hund zu wünschen. Kopfkissen
-groß. Dahinwischend neben mir als ich
am Anfang eines kirchlich nuklearen
Jahrhunderts durch mückenumflorte
Straßen rannte. Neuenglischen Geist in der Lunge
wie Laubfeuerrauch. Auf alles
zu was ich nicht in dem Drang kaputt
gemacht hatte gut zu sein. Ich fand dich. Tofu –
dein Fell sei weiß hieß es doch

hat es im Schnee hier die Farbe von
einem Mopp nachdem die Welt
gewischt wurde. Auf der Rettungsstelle: zwei schwarze
Knopfaugen in einem grauen Knäuel. *Der hier*
sagte ich zu der Frau. Die lachte.
Denn du warst als einziger Hund noch
im Spiel. Im Käfig mein ich.
Es ist Herbst im Februar &
für dich kämpf ich auf Leben und Tod.
Das murmelte ich in einem Feld mit
toten Zwetschen rundum. Gott – wie
ein onomatopoetisches Obst
einen zum Weinen bringen könnte. Beinahe
zum Hetero
machen könnte. Nur so zum Spaß.
Wir sind irgendwie durch ein Schulterblatt
in dem Satz so weit
gekommen. Im Angesicht des Angesichts
von *Falls*. Was das von jedem ist.
Was auf diesem Staubkorn
über der Stadt tanzt
zum *Boah* seiner selbst verglüht.
Dem Nein unserer selbst. Es reicht
nicht einfach am Ende
wo zu landen stimmts? Es reicht nicht
zu enden. Glaubst du es schneit jetzt
für immer? Glaubst du es gelangt in unser
»System«? Tofu wie viele Male
sagte man dir du schaffst es nie
her? Wie vielen
Spiegeln hast du das Gegenteil versucht
zu beweisen nur um deinen Schatten mehr
zu befeuern
als seinen Herrn? Tofu die Chancen sind
deine Mutter. So wie meine. Zu weit
voraus ist. & manchmal ist. Die Sprache. Einfach
nicht. Tofu ich bin wieder vor dir
zu Hause. Und wenn schon. Ich meine
ich wollte *Sorry* sagen
doch nur die Worte kamen heraus. Und
wenn schon. In Hochform war ich
irgendwo anders hier

neben dir. Ich bin aber nicht in Hochform. Ich bin
am Leben. In Menschenjahren bist du 56. Älter
als meine Mutter die so absolut dalag
ihre Pikachu-Decke zum
Kinn hochgezogen wieder ein Kind ich hasse es wenn
ein Klischee wahrer ist als
sein Sinn. Hm ...
Denn ein letztes Ungehorsam
des Atems. Denn das Hermeneutik-
Projekt des Staunens –
schlug fehl. Denn die Nacht brannte hell
vor Vernichtung. Denn sie rang nach Luft
ehe sie von uns ging.
Wie ein Mädchen. Hm ...
Denn du wusstest es ist vorbei.
Dass das *Falls* eine menschliche Null
werden muss. Wieder & wieder ranntest du
um ihr Bett. Ein winziges weißes Fähnchen
als Rute. & ich sagte Mom. Mom
du hast es nach ganz oben geschafft
auf der Achterbahn. Jetzt
brauchst du nur noch
die Hände hochwerfen &
es wird Sommer.
Los.

Ocean Vuong wurde 1988 in Saigon, Vietnam, geboren und zog im Alter
von zwei Jahren nach Amerika. Für seine Arbeiten wurde er mehrfach
ausgezeichnet. Bei Hanser erschienen zuletzt sein Debütroman *Auf
Erden sind wir kurz grandios* (2019) und die Gedichtbände *Nachthimmel
mit Austrittswunden* (2020) und *Zeit ist eine Mutter* (2022). Derzeit
lebt er in Northampton, Massachusetts, und ist Professor für Kreatives
Schreiben im MFA-Programm an der NYU.

Anne-Kristin Mittag, 1988 geboren, hat u. a. Robin Robertson, Patricia
Lockwood und Naoise Dolan ins Deutsche übertragen. Sie lebt als
Lektorin und freie Übersetzerin in München.

Und der Stein weinte und weinte

Senthuran Varatharajah

I do not know you God, because I am in the way.
Please help me to push myself aside.
Flannery O'Connor, »A Prayer Journal«

Wir kamen aus dem Regen. Wir kamen mit der Nacht. Jedes Wort kann nur ein Wort über Dich sein. Ich bin eine Eigenschaft von Dir. Lass mich geringer werden als der Stein, auf dem ich meine Hände ablege, weniger als den Bruch in den Sekunden. Auch aus dem Asphalt, der nass ist, und aus den kürzeren Stellen, die die Gischt im Sand bedeckt, sprich zu mir. Schau mich an, wenn Du zu mir sprichst. Sag etwas, bevor Du gehst. Wende Dein Gesicht ab, damit ich Dich in den Falten und im Zögern einer Stimme erkennen darf. Du bist nichts, ohne mich: ohne mich als Deinen Zeugen. Ich besitze keine Sprache, um über Dich sprechen zu können, außer diese Sätze, die meine ärmsten sind. Ein Mensch ist Dein Gottesbeweis. Vergiss das nicht. Ich bin der, der zu spät kommen wird. Du hast mich heimgesucht, Du hast mich Dir versprochen, bevor mir ein Name gegeben worden war; Du hast mich festgehalten, Du bist mein Schatten; Du lässt mich nicht los. Meine Gebete hast Du nie gehört; darum kommt mein Fleisch zu Dir. Du rufst mich zu Dir wie ein Tier, damit Du es öffnen kannst. Du bist die Entfernung zwischen einem Satz und meinem Brustkorb. Sprich zu mir aus jedem Mund. In jedem Gesicht: kann ich Dich sehen. Ich stehe in Jaffa, auf der Homat HaYam Promenade, als es kaum Morgen wird. Ich warte auf die Linie, die den Himmel vom Meer unterscheiden soll. Stav steht rechts neben mir. Als ich die Küste erkennen konnte, diesen geraden Streifen aus Licht, der Tel Aviv ist, hielten wir unsere Hände bis zur Landung, wie zwei Kinder. Ich werde näher sein, näher an den Bildern, näher an den Orten meiner Kindheit, näher bei Dir; Stav sagt, Du warst nie weiter von ihnen entfernt. Mein Glaube ist ein Rätsel, das ich nicht verstehe. Deinen Namen trage ich auf meinen Fingern. Der Horizont: teilt mein Gesicht. Es ist März, nach 5 Uhr. Der Himmel ist heller geworden; das Meer bleibt schwarz. Du hast mich in die Dunkelheit geführt, nicht ins Licht. Aber ich: bin hier. Ich bin den ganzen Weg zu Dir gekommen.

Der Geruch des Kaffees. Das Geräusch des Regens unterscheide ich nicht. Wir laufen zurück zu unserem Airbnb. Das Wasser fällt auf die Straße. Als wir im Taxi saßen, vom Flughafen hierher, erinnerte ich mich daran, wie ich zum ersten Mal nach unserer Flucht in Sri Lanka war, 1998, es war Sommer, 14 Jahre später, 14 Jahre zu früh; es ist noch Krieg gewesen. Im Fernsehen hatte ich einmal gesehen, wie Johannes Paul II. den Boden küsste, nachdem er in Warschau angekommen war: Er stieg aus dem Flugzeug, kniete sich auf den Asphalt, auf den die Sonne geschienen haben muss, breitete seine Hände neben seinem Gesicht aus, so, als wollte er den Boden halten, den er küssen wird und den er langsam küsste. Ich erzählte Stav im Taxi davon: davon, dass ich als Kind überzeugt war, Amma dieselbe oder zumindest eine ähnliche Geste, einen verwandten Kuss zu schulden; dass auch ich nach unserer Ankunft auf meine Knie gehen muss, damit sie sieht, dass ich mich zu diesem Land, das ihr Land ist, bekenne; dass ich zu ihm gehöre, dass ich nie vergesse, wie sie uns vernichten. Ich stellte es mir während der 8.228 km vor. Auch als ich im Januar in Colombo war, zu Anuks und Arushis Hochzeit, musste ich mich daran erinnern: dass ich hier, auf dieser Insel, die mich bereits als Kind an die Form einer Träne, einer Träne im Indischen Ozean, an Wasser auf Wasser erinnerte, geboren sein soll; dass meine Familie von dort kam, dass wir von ihrem Tod herkommen. Ich bin einem Gerücht, der Erzählung meiner Eltern nach in Jaffna, im äußersten Norden Sri Lankas geboren worden. In meinen Ausweisen wird ein anderer Geburtsort genannt; ein Buchstabe ist in der Übertragung aus der tamilischen Schrift ins lateinische Alphabet verloren gegangen. Auch in meinem Reisepass steht *Jaffa*. Ich bin nie in Israel gewesen. Ich wurde an einem Ort geboren, an dem ich noch nicht war und zu dem ich erst nach 38 Jahren zum ersten Mal zurückkehre. Ich erzähle Stav davon; davon, dass ich das Bedürfnis empfand, diesen Boden hier in Jaffa zu küssen; vor ihm auf die Knie zu gehen; meine Hände auf ihm auszubreiten wie Ohren, die mir sagen werden, wer ich nicht bin. Ich ging nicht auf meine Knie. Ich küsste den Boden nicht. Ich stehe vor dem Pfosten aus Stein, der glatt ist und hell, hier, wo zwei Straßen sich kreuzen, als der Regen immer noch in seine Richtung fällt; und auf dem *Jaffa* in lateinischen Buchstaben steht als Letztes, auf Hebräisch und Arabisch jeweils darüber. Stav sagt, einmal, einmal wirst du in den Tagen, die kommen werden, auf deine Knie gehen. Deinen Namen: trage ich auf meinen Händen. Jedes Wort: ist nur ein anderes Wort für Dich. Aus jedem Mund: schaust Du mich an. An mich dachte keine Nacht. Ich bin weit genug von Dir. Entferne mich noch weiter. Zeige mir ein Stück, nicht in mir, aber in jedem, und in allem anderen. Ich denke an Frank Ocean: *if it brings me to my knees* – Unsere Schuhe sind nass geworden. Die Stadt löscht ihr Licht. Ich drücke die Kippe mit meinem Fuß vor der Tür aus.

Es gibt keine Sprache für mich, in der ich zu Dir sprechen könnte, keine Grammatik, in der ich sagen kann, was Du in mir angerichtet hast; wie einsam Du mich zurücklässt; wie weh Deine Liebe tut. Du liest nicht, nein. Aber Du gabst mir zu lesen. Ich bin immer ein ängstlicher Leser gewesen, langsamer, und zögernd, mit unsicheren Augen und vorsichtigen Fingern; mit diesem Zittern in der Stimme, und mit meinen nassen Handflächen, auf einem gebrochenen Knie. Immer haben wir gewartet: auf Abschiebung. Auf das Ende der Asylbewerberheime. Auf Duldung. Wir haben gewartet: auf Briefe aus Jaffna. Auf einen anderen Winter. Auf das Ende des Krieges. Wir haben gewartet: auf einen Anruf von Amamma. Auf die Ankunft des Messias. Auf Staatsbürgerschaft. Als Kind wusste ich: Jedes Wort, bis in den entferntesten Winkel hinein, jede wirkliche und mögliche Bedeutung muss ich verstehen, dort, wo nur Sinn wie Gnade zu mir kommen wird; bis Dein Wort mein Fleisch wird und mein Fleisch zu diesen Wörtern geworden war. Die Innenseiten meiner Hände waren ein Kompass. Die Himmelsrichtungen waren Richtungen des Himmels. Nachdem Ariel und ich letztes Jahr Pessach in Providence gefeiert hatten, erinnerte ich mich, wie ich als Kind jede Nacht mit dem Diercke Weltatlas meines älteren Bruders auf meinem Schoß im Bett lag und mit meinem Zeigefinger träumte. Jeden Tag wartete ich, darauf, dass auch für uns ein Meer sich spaltet, damit wenigstens meine Eltern zurückkönnen, in das Land ihrer Kindheit; in Ammas gelobtes Land. Nachdem wir eine spanische Messe in der Sankt-Peter-Kirche an der Küste besucht hatten, saßen wir auf der Wiese des Hamuze'on Garden und hörten den Muezzin, bis das Minarett der Mahmoudiya-Moschee grün beleuchtet wurde. Es ist Freitag, 18 Uhr. Meine Kippe drücke ich in den Sand. Mein Mund besteht aus Schlieren. Die Lippen: schälen sich. Ich sehe die weißen Hautstücke auf dem Filter. Ich bestelle ein Taxi. Es ist kalt. In einer Stunde werden wir mit Zippi Schabbat feiern. Gib mir ein Wort, nur ein Wort, auf das ich setzen kann, irgendein Wort. Lass meine Hände sich an Deiner Brust erschöpfen. Ich fürchte Dich nicht mehr. Ich bin der Stein, den Du bei seinem Namen nennst. Ich bettele nicht mehr vor Dir. Stav sagt, es wird Morgen; es wird Abend. Es gibt keinen Gott. Außer Gott.

Ich schaue in den Spalt zwischen meinen gefalteten Fingern. Wir stehen im Garten Gethsemane. Vor sechs Tagen hielt ich eine Predigt über Judas und den Kuss in der St.-Matthäus-Kirche in Berlin; vor sechs Tagen: sprach ich über diesen Sand, und über die Ölbäume, die Jesus und seine Jünger gesehen hatten, so, als wäre auch ich hier gewesen. Als Kind legte ich einen Stein in meinen Mund. Er war so groß, dass ihn nicht einmal Amma herausbekam. Auf meiner rechten Hand: steht Dein Name auf Althebräisch; auf meiner linken: Dein Name in lateinischen Buchstaben. Die beiden Linien auf meinen Unterarmen: ließ ich mir in Los Angeles stechen. Sie führen zu Dir, weil sie Dich dabei nicht berühren. Ich sehe das Kidrontal auf der anderen Seite, die Stadtmauern Jerusalems dahinter, ein Stück des goldenen Felsendoms. Wenn ich zu mir selbst spreche, wer wird mir glauben? Lass die Bilder aufhören; lass sie zu mir kommen. Ich sehe die Schlieren auf meinen Augen. Ich schicke Appa ein Foto, bevor der Himmel über uns dunkler wird. Hier sprach Jesus sein Gebet; hier kniete er, hier wurde er geküsst, hier in diesem Garten: nahmen die römischen Soldaten ihn fest. Hier, am Hang des Ölbergs, der mich in meinen ältesten Träumen besuchte, legt Uri seinen linken Arm um Stav. Die Äste senken den Himmel. Nicht mein Wille geschehe, sondern Deiner. Ich küsse das Kreuz um meinen Hals. Ich forme ein anderes Kreuz auf meiner Brust. Vor der Kirche aller Nationen, die auch Todesangstbasilika genannt wird, rechts neben dem Garten, steht über einer Tafel: *Please no explanations inside the church.* Unter Deinen beiden Namen auf meinen Knöcheln steht auf Tamil: *achamillai* – Keine Angst.

Diese Bäume kennen Dich. Diese Bäume: haben jetzt auch mich gesehen. Dein Sohn: nahm hier seinen Tod an. Sag mir: Brauchtest Du einen Verräter, damit die Prophezeiungen des Alten Testament wahr werden? Sag mir: Welcher Vater, welche Mutter, welcher Gott opfert den eigenen Sohn? Sag mir: Sind wir Menschen wirklich so schlecht, dass Du Deinen Sohn für unsere Sünden töten lässt? Sag mir: Bist Du der Verräter? Hast Du Christus und Judas ausgeliefert? Sag mir, wo ich falschliege. Ich glaube nicht an diesen Gott. Ich kann nicht mehr an den Gott meiner Kindheit, der ein Gott eines Kindes war, glauben. Du hast mich mit Fragen zurückgelassen, die nicht einmal Du beantworten kannst. Aus Deiner Einsamkeit: hast Du uns erschaffen. Ein Kind: schuldet seinen Eltern nichts. Vergiss das nicht. An das letzte Gebot Deines Sohnes, das er hier, hier auf diesem Ölberg aussprach, glaube ich. *Dran werden alle erkennen, dass ihr meine Jünger seid: wenn ihr einander liebt.* Du weißt es. Du weißt, wie oft ich mich nicht daran gehalten habe; wie oft ich dieses letzte Gebot nicht halten wollte. Du kennst meine Sünden. Du kennst jedes Mal, als ich an mir scheiterte. Ich weiß, dass Du mir meine Fehler nicht vorwerfen wirst. Ich weiß, dass Du mir vergibst. Aber ich kann mir nicht vergeben. Nein, Dein Sohn starb nicht für unsere Sünden. Er starb deshalb aber nicht umsonst. Lange Zeit dachte ich, dass das Kreuz nur das bedeutet, nur das allein bedeuten kann: das Leiden; nur sein Sterben. Durch meine Schuld, durch meine Schuld, durch meine große Schuld. Derrida schreibt: *every poem says, »This is my body«, and the rest: drink it, eat it, keep it in memory of me. There is a Last Supper in every poem, which says: This is my body, here and now. And you know what comes next: passions, crucifixions, executions. Others would also say: resurrections.* Das Kreuz bedeutet für mich: den Tod des Todes. Das Ende unserer Schmerzen. Dort, wo beide Linien sich schneiden, die vertikale und horizontale, hier, in der Mitte des Kreuzes, werden alle Dualismen transzendiert: Himmel und Erde, Jenseits und Diesseits, Körper und Geist, Wort und Fleisch. Dein Sohn ist die Einheit von Schrift und Leben. Damit die Schrift erfüllt wird. Auch ich bin nur ein anderes Wort für Dich. Nur ein Adjektiv Gottes. Wer wir sind und was wir erfahren haben, wird Dich bestimmen. Ich zähle die Äste, damit Du sie nicht sehen musst. Ich bin ohne irgendeinen Sinn, und darum hängst Du von mir ab. Weißt Du das? Ich küsse Stav auf seine Wangen. Uri sagt: *lech acharai. Follow me.*

Wir kamen durch die Stadtmauer. Wir sind mit der Kälte gekommen. Es ist Samstag. Die Götter dieser Stadt: haben mich bei ihrem Namen gerufen; es bedeutet ihnen mehr als mir. Mehr werde ich von Dir nicht wissen dürfen, und Du nie mehr von mir. Du weißt es; wer, wenn nicht Du: dass mein Name in Deinem liegt, wie ein Stein neben einem Stein; dass Du mich ausgesprochen und im Sprechen erschöpft hast, dass Du bei mir geblieben bist, als ich nicht mehr bei Dir sein konnte, vergebe ich Dir nicht. Ich vergebe Dir nicht, dass ich geboren wurde. Ich weiß, Du vergibst mir. Du kannst meine Zweifel tragen, und auch meine Verzweiflung; Du trägst die Trauer, die ich Deinetwegen ertragen muss. Durch Deinen Namen hast Du Dich uns ausgesetzt. Durch Deinen Namen: muss ich kommen. Bete, Herr; bete. Wir sind nah. Gelobt sei der Herr von Zion, der in Jerusalem wohnt. Nach einer Lesung in Hannover wurde ich einmal gefragt, warum ich Christ sei und nicht Hindu wie meine Mutter. Ich wusste keine Antwort. Als ich im Januar zur Vorbereitung für Ariels und meine Performance *Shemot* im HAU 2 noch einmal das zweite Buch Mose las, fand ich sie. Nachdem Gott Mose auf dem Berg Horeb seinen Namen durch den brennenden Busch gab und ihm sagte, seinem Volk soll er seine Rettung verkünden, fragte ihn Moses: *Siehe, wenn ich zu den Söhnen Israel komme und ihnen sage: Der Gott eurer Väter hat mich zu euch gesandt, und sie mich fragen: Was ist sein Name?, was soll ich dann zu ihnen sagen?* Es ist die Antwort, die einzige, die auch ich hätte geben können. *Jahwe, der Gott eurer Väter, der Gott Abrahams, der Gott Isaaks und der Gott Jakobs.* Ich bin Christ, weil mein Vater Christ war; bis er seinen Glauben am Ende des Krieges verlor.

Mit diesem Gott: ließ mein Vater mich allein. In Dir bin ich zerrissen. Simone Weil schreibt: *Wir sind das, was von Gott am weitesten entfernt ist, an jener äußersten Grenze, von der aus es noch nicht völlig unmöglich ist, zu ihm zurückzukehren. In unserem Sein ist Gott zerrissen. Wir sind die Kreuzigung Gottes.* Du bist die Schrift. Und ich bin die Wunde.

Wir stehen am Anfang der Via Dolorosa. Ich lese Appas Nachricht zu dem Bild, das ich ihm aus dem Garten Gethsemane geschickt hatte. *Do you believe in that? In all of this?* Ich wollte schreiben: *appa. a good Christian is a good atheist*, aber ich schreibe es nicht. Ich antworte: *yes. i believe in that. in all of this i'd like to believe.* In einem ihrer Gebete schreibt Teresa von Ávila: *Herr, gib mir andere Wörter.* Aber ich habe keine anderen Wörter als diese. Dein Wort: suche ich in den Worten der anderen. Dein Wort gehört ihnen, nur ihnen, nicht mir. Spalte meinen Mund: wie ein Rotes Meer. Lass ihn brennen wie einen Dornenbusch. Sag mir, wo meine Arme liegen und wann. Bitte verlass mich nicht.

Ich kenne keine Antwort. Erzähle mir, was ich nicht weiß. Mein Glaube ist ein Rätsel, das mich beunruhigt. Ich werde nie verstanden haben, wer Du für mich bist. Aber ich bin hier. Das sagtest Du, das hast Du zu Moses, den Du aus dem Wasser gezogen hattest, auf dem Berg Horeb gesagt: *hineni; hier bin ich.* Alles, was ich sagen kann, ist nur das. Ich bin zu Dir gekommen. Zum ersten Mal: in Jerusalem. Zum ersten Mal: sehe ich die Orte und Bilder meiner Kindheit. Zum ersten Mal bin ich 2.000 Jahre zu spät.

Wir liefen die 14 Stationen der Via Dolorosa, den Leidensweg, den Christus mit diesem Kreuz durch die Altstadt Jerusalems womöglich gelaufen sein musste, vom Hof der Mädchenschule Omariya, dort, wo die römische Festung Antonia einmal stand, in der Jesus durch Pontius Pilatus zum Tod verurteilt worden war, zur letzten Station, dem Heiligen Grab in der Grabeskirche, die auf einem Hügel gebaut wurde, auf Golgota, dem Ort der Schädel; hier, nach der Passionsgeschichte in den Evangelien, starb Jesus am Kreuz, nach drei Stunden. In der Kirche, neben den anderen Menschen, erinnerte ich mich an zwei Verse aus einem Gedicht von T. S. Eliot, dessen Namen ich nie kannte: *where shall the word be found, where will the word / Resound? Not here, there is not enough silence.* Vor dem Salbungsstein ging ich auf meine Knie; ich breitete meine Hände neben meinem Gesicht aus, ich legte meine Stirn auf die Marmorplatte, die über ihm zum Schutz gelegt worden war, darunter, hier darunter soll Christus gelegen haben, sein Körper wie ein erschöpftes Stück Fleisch; bereit, kalt zu werden. Ich küsse den Stein; ich küsse ihn noch einmal, und jeden Menschen, der diese Stelle vor mir geküsst hat, und jeden, der sie nach mir küssen wird. Stav legt sei-

nen Arm um mich. Er küsst mich auf meine rechte Wange. Ich habe
nur meine schwächsten Verben für Dich. Ich frage Uri, ob wir gehen
können. Ich spüre die Bilder auf meinen Augen, ihr Gewicht, ihr Alter.
Am Eingang der Grabeskirche sagte Uri: *Senthuran. The real temple is
not here. It is close by, so close. Besides the spectacle, where no one would
suspect it, there you will find the holy site you are looking for, the holy site
you have never heard of before. Lech acharai.* Wir folgen ihm. Auf dem
Dach der Grabeskirche ist es plötzlich fast leer; es ist so leise geworden:
Wir laufen durch das Kloster Deir Es-Sultan, das der äthiopisch-ortho-
doxen Kirche gehört, zum Eingang der koptisch-orthodoxen Kirche.
In der wichtigsten christlichen Pilgerstätte, in einer Stadt, in der fast
eine Million Menschen leben und die mehrere Tausend Menschen am
Tag besuchen, sind wir plötzlich allein; niemand ist hier, kein Mensch:
neben uns. Ich habe noch nie von diesem Ort gehört, auch nicht von
ihm gelesen. Wir treten ein, durch den niedrigen Weg, der in den Stein
geschlagen wurde, wir laufen beinahe auf unseren Knien, so schmal
ist es hier, wir laufen die Stufen nach unten: zur Zisterne unter Golgota. Immer warte ich auf Deine Stimme; auf irgendein Zeichen, das
Du mir geben kannst und von dem ich niemandem erzählen könnte.
Wer würde mir glauben, wenn nicht einmal ich daran glauben kann?
Wer trägt Deine Stunden? Sag mir, wer wird Dich nach Hause bringen, während die Welt geschieht, einfach so, als gäbe es Dich nicht?
Du führst mich immer nach unten. Zu seinen Jüngern sagte Jesus *lech
acharai. Und Jesus sprach zu ihnen: Kommt mir nach.* Und ich komme zu
Dir, durch diesen Schacht, und durch den Felsen neben, unter und
über mir, wie ein verlorener Sohn.

Wir stehen auf den letzten Stufen. Ich höre die Tropfen, die aus dem
Stein über uns in den dunkleren Teich darunter fallen, der fast grün ist
und sich nicht bewegt; ich höre das Wasser, das auf das andere Wasser fällt, ich höre es, weil ich die Tropfen nicht sehe. Ich höre nichts
anderes. Stav steht links neben mir, Uri rechts daneben. Diese Höhle:
beschützt uns. Diese Höhle: hält uns wie eine Faust. Diese Höhle: ist
der Tempel. Und Uri begann zu singen; er schaut in das Wasser, das
unsere Gesichter nicht reflektiert, er singt, er singt das letzte Lied von
Schuberts Winterreise, er singt *Der Leiermann* auf Hebräisch: *Drüben
hinterm Dorfe / Steht ein Leiermann, / Und mit starren Fingern / Dreht er,
was er kann. / Barfuß auf dem Eise / Schwankt er hin und her; / Und sein kleiner Teller / Bleibt ihm immer leer. / Keiner mag ihn hören, / Keiner sieht ihn
an; / Und die Hunde knurren / Um den alten Mann.* Die Höhle: wirft seine
Stimme zurück. Seine Stimme: ist das Echo der Höhle. Diese Höhle:
verbreitete Uris Gesang. Sein Lied: machte diese Höhle tiefer. Ich stehe

hier und traue mich nicht zu atmen. Ich bin 2.848 km gekommen, um nur in dieser Zisterne zu sein. Ich wusste es nicht. Ich konnte nichts davon wissen. Aber jetzt, hier, verstehe ich, was T. S. Eliot meinte: Hier, wo Dein Wort, das Fleisch geworden war, den Tod am Kreuz starb, hier, in der Umgebung des Steins, finde ich das Wort, das erklingt. Hier, 15 Meter unter dem Felsen, auf dem Christus vor 1.993 Jahren gekreuzigt worden war, gibt es noch genug Stille. Hier: stehen wir wie verlassene Kinder. Der Stein singt mit Uri. Und der Stein weinte und weinte. Ich bin hier bei Dir, 2.000 Jahre zu spät: um Dich zu trösten. Hineni.

Senthuran Varatharajah ist Schriftsteller, Philosoph und Theologe. Seine Romane *Vor der Zunahme der Zeichen* (2016) und *Rot (Hunger)* (2022) erschienen beide bei S. Fischer und wurden mehrfach ausgezeichnet. Er lebt in Berlin.

Die Geschichte von Samson aus Sicht der Elemente

Lauren Groff

Am Anfang war nichts, und das Nichts geriet in Bewegung und gebar etwas: Zeit und Raum, Licht und Dunkelheit, Klang und Stille, Materie und die endlosen Mysterien des Daseins.

Dieses Neue breitete sich aus, immer schneller, und die Bewegung wirbelte die Materie umher, bis sie sich zusammenballte und zu rollenden Kugeln aus Staub wurde, einige davon so groß, dass ihre schiere Masse sich sammelte und Schwerkraft hervorbrachte. Einige der Kugeln und damit auch ihre Schwerkraft wurden so groß, dass sie zu glühen begannen. Dann scharten einige Kugeln sich um andere – kalte, die sich an glühenden wärmen wollten, sie umkreisten –, und irgendwo in alldem, in einer Falte inmitten dieser glühenden und kalten Kugeln, rollte eine, gerüttelt von den Winden, von umherwirbelndem Staub und dunkler Materie und Bruchstücken einer neuen Substanz namens Gestein, um ein mittelgroßes Objekt herum, nicht so nahe, um Feuer zu fangen, aber auch nicht so weit weg, dass sie kalt geblieben wäre, und sie ballte sich zu einem Stein zusammen.

Sie hatte eine perfekte Größe, diese Kugel, und ihre Oberfläche nahm die Wärme der Sonne auf, doch sie war auch groß genug, um einen flüssigen Kern zu besitzen, aus dem es manchmal durch Risse im Gestein an die Oberfläche schwappte und diese mit noch mehr Oberfläche überzog, Schicht um Schicht, die abkühlte, während die austretenden Gase eine Art Haut bildeten, eine Atmosphäre, in der sich die Strahlen der Sonne fingen, sodass sie noch mehr von der guten Wärme in sich bergen konnte.

Und damit ereignete sich ein Wunder: Eine Substanz, die seit ihrer Erschaffung immer fest gewesen war, verwandelte sich nun, indem sie erwärmt wurde, in eine Flüssigkeit und bei weiterem Erhitzen in ein Gas, und diese Substanz war Wasser. Das Wasser hatte seine eigene Wandelbarkeit entdeckt.

Und drei Elemente auf dem kreisenden, kreiselnden Planeten wurden sich einander bewusst, das Sonnenlicht, das eine Hälfte des sich drehenden Planeten wärmte, das schnelle und bewegliche Wasser und das langsamere, bedächtigere Gestein, und gemeinsam erzeugten sie Wind, der ein viertes Element wurde. Und das Gestein und das Wasser und der Wind spielten miteinander, das Wasser formte das Gestein, drückte es hierhin und dorthin und nagte an ihm, und das Gestein spielte mit dem Wasser, öffnete Spalten, in denen es sich sammelte, verwandelte es in Gas und schuf neues Gestein, wo zuvor nur Wasser gewesen war, und der Wind spielte mit den beiden und wurde nur manchmal so zornig, dass er sie herumschubste. Es war herrlich, alles in allem. Und die Elemente könnten noch immer wunschlos glücklich miteinander spielen.

Doch dann passierte etwas Eigenartiges. Aus den fremden Weiten des Universums wurde etwas durch den Raum und in die Atmosphäre geschleudert, wo es in einer warmen Pfütze landete, oder vielleicht wurde eine warme Pfütze vom Blitz getroffen, jedenfalls entstand etwas Neues. Das war das Leben, und zu Beginn war es so klein, dass die Elemente es kaum bemerkten.

Die Zeit verging wie im Flug, und bald hatte das Leben genug davon, ignoriert zu werden. Trotzig, wie es war, entschied es sich, ab jetzt die Regeln selbst zu bestimmen. Es wuchs und war irgendwann nicht mehr zu übersehen, trotzdem spielte allein das Wasser mit ihm, und auch das nur halbherzig.

Das Leben war ungeduldig, es passte sich an und lernte, Sonnenlicht und Wasser und Gestein zu essen, und indem es aß, veränderte es sich. Es entwickelte seltsame Eigenarten, es lernte zum Beispiel, die planetarischen Zyklen zu nutzen, und ließ sich vom Wasser zu anderen Orten tragen, und dann lernte es, sich vom Wind tragen zu lassen. Es begann, sich in das Gestein zu graben, was dem Gestein nicht wirklich gefiel.

Das Leben wuchs und wuchs. Es wurde hungriger. Er wurde so groß wie Sandkörner, wo Meer und Land sich treffen, dann kieselsteingroß und dann so groß wie ein ordentlicher Stein. Es wandelte sich immer schneller in immer unterschiedlichere Richtungen. Es bildete zum Beispiel Blätter aus, aber auch harte Schalen aus Kalzium und – wie aus dem Nichts – Sporen und Samen. Es fand verschiedene Arten der Kopulation, erstaunliche neue Arten der Kopulation, und jede einzelne schockierte den Wind. Das Leben wurde größer, schneller. Es war beängstigend, wie es sich selbstständig fortbewegen lernte, ohne das Wasser oder den Wind noch einspannen zu müssen. Seine Leidenschaft wuchs. An einigen Stellen bedeckte es den Grund des Ozeans, zog sich stoppelig und dicht über die nassen Stellen der Steine. Es begann zu krabbeln, zuerst im Wasser, dann außerhalb. Bald wuchsen ihm Flügel, mit denen es sich in die Lüfte erhob. Und irgendwann aß es sich selbst, was die Elemente derartig entsetzte, dass sie einen Plan schmiedeten, um das Leben auszulöschen. Es kam zu Vulkanausbrüchen und Tsunamis, aber das Leben ließ sich nicht abschrecken, es kehrte immer wieder. Es bildete Wirbelsäulen und Beine aus. Es vergoss das Blut anderen Lebens über die Steine und ins Wasser. Es geriet außer Kontrolle und breitete sich nun über den gesamten Planeten aus, und indem es sich ausbreitete, veränderte es die Luft selbst. All das geschah so schnell, dass es kaum zu begreifen war, und die Elemente waren ratlos, was zu tun war.

Einmal öffnete sich die Atmosphäre, um einen Asteroiden einzulassen, und Wasser, Gestein, Wind und Sonnenlicht zweifelten nicht daran, dass seine Folgen – das Feuer, das überall auf dem Globus niederging, die viele Umrundungen lang verdunkelte Sonne, das Wasser, das selbst trockenste Gegenden überflutete, die giftigen Gase – es ein für alle Male erledigen würden, dieses Leben, doch es war zu zäh und anstatt abzutreten, hielt es nur eine Weile inne.

Und als es wieder zur Stelle war, entwickelte es seine schlimmste, hartnäckigste Ausprägung überhaupt; es stand nun auf zwei Beinen und verbrannte die Erde und alles Irdische. Der Unterschied zwischen dieser und allen anderen Lebensformen war, dass sie ein mächtiges Werkzeug namens Geschichte entwickelte, eine Art schützende Membran, ein kollektiver Schoß. Die schlimmste Lebensform nutzte sie, um sich selbst ins Zentrum des Universums zu rücken – lächerlich, denn das Universum ist das Universum, weil es kein Zentrum hat. Jedenfalls schützte dieses Werkzeug, die Geschichte, diese Lebensform und ermöglichte es ihr, mit erstaunlicher Schnelligkeit zu lernen und sich in einem Bruchteil der Lebenszeit der Elemente so dicht auszubreiten, dass es bald keinen Flecken auf dem Planeten gab, der von ihr unberührt blieb. Und wo immer sie auftauchte, vergiftete sie das Wasser und verqualmte die Luft und zwang andere Lebensformen, für sie zu arbeiten.

Zum Glück für die Elemente war diese neue Lebensform gieriger, als es für sie gut war, und nachdem sie einen Großteil des restlichen Lebens auf dem Planeten ruiniert hatte, tötete sie sich in einem Wimpernschlag selbst.

Sie tötete sich in dem Glauben, alles Leben vernichtet zu haben. Wenn sie selbst nicht existierte, so sah sie es, sollte auch sonst nichts existieren.

Und für eine lange Zeit spielten wieder Gestein und Wasser und Wind und Sonnenlicht auf der kreiselnden Kugel, und sie erinnerten sich an das Leben und waren überaus erleichtert darüber, dass es nicht mehr da war.

Das jedenfalls glaubten das Wasser und der Wind und das Sonnenlicht. Das Gestein aber war im Besitz tieferer Geheimnisse; das Leben, so wusste es, hatte den Planeten überall und bis hinab zu seinem flüssigen Kern durchdrungen und gedieh im Verborgenen weiter. Sicher, es war das stille, das frühe Leben. Es bewegte sich noch kaum, es aß wenig mehr als das Gestein selbst. Bald jedoch, wusste das Gestein, würde es sich regen, würde es wieder zur Oberfläche drängen, und wieder würde alles sich rasend schnell vollziehen, das Ausbreiten und das Fressen und das Ficken und die Unrast, die Habgier, die Unablässigkeit. Das Leben würde wiederkehren und wiederkehren und wiederkehren, es würde sich errichten und zerstören, blind vor Selbstliebe und nicht bereit zu erkennen, dass es möglicherweise etwas im Universum gab, das anbetungswürdiger war als das Leben selbst.

Lauren Groff, 1978 geboren, lebt in Gainesville, Florida. Ihr Roman *Licht und Zorn* (Hanser Berlin) ist einer der größten Erfolge der amerikanischen Literatur der vergangenen Jahre. Er stand ebenso wie *Matrix* (claassen) und ihre Erzählungen *Florida* (Hanser Berlin) auf der Shortlist des National Book Award. *Die weite Wildnis* (claassen) erscheint im Herbst 2023.

Karsten Kredel ist Lektor und Verleger. Er freut sich darauf, irgendwann wieder mehr zu übersetzen.

Der Rave
McKenzie Wark

»In der Stadt langweilen wir uns – einen Sonnentempel gibt es nicht mehr.« Das ist die Eröffnung von Ivan Chtcheglovs *Formular für einen neuen Urbanismus*, einer der Gründungstexte der Situationistischen Internationale. Ein Sonnentempel würde heutzutage wohl fehl am Platz wirken. Dank all des Kohlenstoffs, den die Moderne in die Luft gespuckt und damit den Treibhauseffekt verstärkt hat, ist die Sonne für uns keine Freundin mehr.

Immerhin langweilen wir uns nicht mehr in der Stadt. Sie verfügt über Tempel von anderer Art. Mit ein wenig Detektivarbeit sind diese Tempel in New York an den meisten Wochenenden aufzuspüren. Irgendwo in den Nichtorten von Brooklyns Industrievierteln oder vielleicht dem nahe gelegenen Queens. Sie werden temporäre, konstruierte Situationen sein, gewidmet dem Gegenteil von Klarheit und Sonnenlicht. Gewidmet stattdessen der Dunkelheit und dem Lärm. Dies sind die Rave-Tempel.

Es widerstrebt mir, New Yorks queerer und trans Rave-Szene allzu viele herkömmliche Ideen überzustülpen. Manchmal wollen die Leute, dass sie in einer Sprache begreiflich sein soll, die sie bereits kennen. Der Rave soll Utopie sein oder Widerstand oder Transzendenz oder Therapie oder das Erhabene oder das Psychedelische. Vielleicht ist das eigentlich Wesentliche, dass es etwas ist, was sich mit den existierenden Sprachen von Religion, Politik oder Psychologie nicht fassen lässt. Andererseits scheint es gerade so kontraintuitiv genug, diese schäbigen, schmuddeligen Orte als »Tempel« zu denken, dass es interessant sein könnte.

Ich denke an Bataille, für den der heilige Raum gleichzeitig ein konkreter Raum und auch ein Raum des Absoluten ist. In seiner *Atheologie* kann auch das Profane diese Eigenschaft haben. Vielleicht kann ein Ort, der der rohen Präsenz von Körpern, deren Schweiß, Geruch, Bewegung, der ihrer Tierhaftigkeit gewidmet ist, etwas berühren. Ich werde dieses Etwas nicht das Absolute nennen. Ich nenne es einfach Basissubstanz. Wir gehen raven, um uns selbst so weit wie möglich auf bloße tierische Wesen zu reduzieren, auf Wesen, die ficken und pissen und schwitzen und sich so gedankenlos wiederholend wie nur irgend möglich bewegen.

Für gewöhnlich bin ich da drin nicht vor vier Uhr morgens anzu-
treffen. Ich mag es, wenn es schon gut dampfig ist. Der Boden glitschig
von schmutzigem Wasser, die Luft schwer von chemischem Nebel.
Ich mag es, die Übernächtigten in ihrer gänzlichen Hingabe zu sehen.
Ich bin eine, die ihre Hingabe leicht nimmt. Ich hole mir ein Wasser,
begrüße Freund_innen, bahne mir den Weg nach vorn. Es wird eine
Weile dauern, Teil der Gemeinde zu werden. Ich muss eine gewisse
Aggression abbauen, einen gewissen Widerstand dagegen, mich zu
verlieren. Etwas anderes als ein singuläres Wesen zu werden.

Als Atheistin in dritter Generation bin ich nicht allzu versiert darin,
wie religiöse Rituale funktionieren. Da bin ich immer neugierig. Sie wirken sehr kraftvoll. Ich war in Kirchen, Moscheen, Synagogen und anderen Arten von Tempeln. Ihre Magie verfehlt nie ihre Wirkung auf mich.
Da ich in keinerlei religiöser Tradition aufgewachsen bin, sind sie für
mich nicht zu abgedroschenen Ritualen geworden. Sie sind stets unver-
braucht und mitreißend. Ein Teil von mir sehnt sich nach Zugehörigkeit.

Bei Kierkegaard ist der Sprung in den Glauben irrational, eine Entscheidung ohne jegliche Grundlage in der dinglichen Welt. Ich denke
allerdings, es ist kein Sprung, sondern ein Fall. Einer, dem ich mich
mein Leben lang verweigert habe. Wie ich meinen Kindern sage, die
in diesem Augenblick atheistisch in mindestens vierter Generation
sind: Es braucht Mut, um nicht zu glauben. In einem Zustand des Aus-
geschlossenseins und gleichzeitiger Nähe zu einer Existenz jenseits
menschlicher Erkenntnis zu leben. In einem Zustand der Exkommu-
nikation vom Absoluten zu verharren.

Der Rave kann ein Tempel für viele verschiedene Dinge sein. Das
ist nur meine Sicht darauf. Raver_innen sind scharfsichtig. Wir wissen, wer gekommen ist, braucht es wirklich. Wir wissen, wer gekommen ist, wird sich als Opfergabe darbieten. Wir wissen, wer gekommen
ist und wirken wird, um das Bündnis der Gegenseitigkeit in unseren
Bestrebungen zu knüpfen.

Das einzige Kriterium für eine_n gute_n Raver_in ist sein_ihr Tun.
Was dey glaubt oder warum dey hier ist, ist nicht von Belang. Es gibt
keine Prüfung der reinen Lehre. Es gibt kein Gesetz, nur einige mehr
oder weniger vereinbarte Konventionen des Miteinanders.

Wenn dies ein Tempel ist, dann vielleicht einer, dessen Funktionen auf die elementarsten Formen reduziert sind. Ich mag House, aber
manchmal trägt er einen Überrest Kirche in sich, speziell Schwarzer
Kirche, den vokalen Stil von Gospel zum Beispiel. Techno ist mir lieber, der auch Schwarze Musik ist, aber eine, die sich ein wenig weiter
von ihren Wurzeln im Heiligen entfernt hat. Ich mag es, wenn es keine
Liturgie gibt, keine heiligen Zeichen, wenn die_der DJ nicht priester-

mäßig über uns thront. Ich mag den Rave in seiner minimalsten, was vielleicht heißen mag, protestantischsten Form.

Bevor sie atheistisch wurden, waren meine Vorfahren presbyterianisch. Vielleicht sind in mir immer noch Überreste ihrer Strenge. Sie wollten keine menschliche Vermittlung zwischen sich und Gott. Ich habe keinen Gott. Ich will keine menschliche Vermittlung auf dem Weg zu meiner bloßen tierischen Existenz. Ich mag einen Rave wie diesen. Eine schlichte Lagerhalle. Betonboden. Schwarze Vorhänge teilen ihn in Atmos auf. Das Arrangement von Nebel und Licht verwischt den visuellen Sinn, zieht den Körper zurück in andere Modi des Austauschs mit seiner Umgebung.

Nach gut einer oder zwei Stunden bin ich nicht mehr da. Ich nehme an, dieser Körper ist noch da. Windet sich um den Beat, Repetitionen im tiefsten Delirium. Wahrscheinlich ist ein Denken im Gange. Den Monolog in meinem Kopf kann ich nie gänzlich zum Schweigen bringen. Ich schenke ihm bloß keine Aufmerksamkeit. Das Paradox ist natürlich, wenn ich mich in diesem Tanz, in diesem Tempel vollkommen »loslasse«, bin ich nicht anwesend, kann es nicht mitbekommen. Erst später werde ich bemerken, dass ich durstig bin, dass meine Krüppelfüße schmerzen, dass die Musik plötzlich keine Spur mehr ist, die mich leitet. Zeit für eine Pause.

Wenn ich die christlichen Kirchen anderer Leute besuche, gibt es für gewöhnlich einen Moment, wo alle sich ihren Nächsten zuwenden und »Friede sei mit dir« sagen oder etwas in der Art. Das fühlt sich für mich ein bisschen so an wie die Chillout-Momente bei einem guten Rave. Nur mal kurz von sich hören lassen. Manchmal gibt es nicht viel zu sagen oder keinen Bedarf, es auszusprechen. Einfach einen befreundeten Menschen anschauen und lächeln. Das Lächeln sagt eigentlich alles. Es sagt, du und ich, wir sind jetzt hier im Chillout, aber manchmal sind wir es nicht. Vielleicht verschwinden wir nicht auf dieselbe Weise aus dem singulären Sein, aber gerade widerfährt es uns beiden hier, im Rave, in unserem Tempel.

Manchmal wünschte ich, ich hätte eine Religion, für die dies mein Tempel sein könnte, mein Gottesdienst. Da ich nicht von der charismatischen Sorte bin, ist es unwahrscheinlich, dass besonders viel dabei herauskäme, aber vielleicht ist das gar nicht schlecht. Es wäre nur für mich und vielleicht ein paar Freund_innen. Wir könnten irgendwo einen kleinen Schrein aufstellen. Oder bloß ein paar Sticker machen lassen. Die großen Religionen scheinen dieser Tage alle ihren autoritäreren Tendenzen nachzugeben. So was will ich nicht.

Meine Religion würde Kybele wiederbeleben, die Mutter aller Gött_innen. Sie kam aus Anatolien. Genauer gesagt haben die Römer sie von dort übernommen. Sie nahmen sie in ihr Pantheon auf, aber behandelten sie immer als Fremde, als Außenseiterin, nicht wirklich römisch. Zu ihren Attributen gehörten ihre Löwen, oder manchmal auch Wölfe, die in ihrem Schoß lagen. Deren tierische Intensität fand bei ihr ein Zuhause. Und ihr Tamburin – für eine gute Party mit Trommeln, Schellen und Flöten war sie gern zu haben. Kybele war eine Rave-Göttin.

Die Römer schluckten Kybele, aber mit den Galloi, ihren Priesterinnen, war ihnen nicht wohl. Es wäre anachronistisch, sie trans Frauen zu nennen, aber als solche nehme ich sie wahr, in ihren feinen gelben Kleidern, den langen Haaren und dem Parfüm, mit ihren Kosmetika und Geschmeiden. Sie liebten gute Partys. Den Römern erschienen sie ein bisschen drüber, und sie verboten frei geborenen männlichen Bürgern, sich ihnen anzuschließen.

Kybele war auch eine Göttin der Schwellen und Höhlen, daher denke ich, sie würde das Portal zum Rave und das feierliche Amt der Doorbitch mögen. Die nasskalte Atmosphäre drinnen könnte ihr gefallen. Wenn der Rave ein Tempel ist, dann allerdings ein synkretistischer. Es kann hier multiple Gött_innen geben oder auch keine. Sie müssen bloß miteinander auskommen.

Der Rave ist ein Tempel der Nacht, aber auch ein Tempel des Morgens. Das Sonnenlicht sickert hinein. Lässt sich nicht draußen halten. Schließlich werden wir müde. Einige stolpern weiter zu den Afterpartys, aber mir fehlt dazu meist die Energie. Ich werde nach Hause gehen müssen. Die Schmutzschicht wegduschen. Diesen müden Körper betten und füttern. Ich werde zurück in das singuläre Sein gehen müssen. Auf meinen Namen reagieren, wenn die Welt ihn ruft.

McKenzie Wark ist die Autorin zahlreicher Bücher. In deutscher Übersetzung erschienen *Das Kapital ist tot*, *Reverse Cowgirl*, *Molekulares Rot* sowie ihre Korrespondenz mit Kathy Acker *Du hast es mir sehr angetan*. Sie lebt in New York.

Johanna Davids übersetzt aus dem Englischen ins Deutsche. Sie lebt in Berlin.

DELFI im Abo

Im Abonnement bekommen Sie *Delfi* zweimal jährlich nach Hause geliefert und sparen dabei! Im Einzelpreis beträgt der Preis pro Heft 15 € (D), im Abonnement sind es 13 € (D). Sie möchten *Delfi* abonnieren? Das Formular finden Sie unter **www.delfi-mag.com.**